決定版

ふわふわ、しっとり、とろける シフォン

予約の取れないお菓子教室
「chiffon chiffon」のベストレシピ

中山真由美

家の光協会

しっとり
のびのある生地は
口の中で
とろけるような食感、
それが私のシフォンです

introduction
はじめに

私のシフォン。
配合や作り方はすべて自己流のオリジナルです。
研究を重ね、試行錯誤しながら、これまで万の単位を超える台数を焼いてきました。

ほかのどこにもない、ふわふわ、しっとり、とろける食感。
のびのある質感と、飲み物がなくてもすっと喉を通る口どけのよさ、
そんな生地そのもののおいしさを楽しめるシフォン。
私のシフォンの食感を求め、教室には全国から大勢の方が参加してくれています。

みなさんがいつでも「食べたい、作りたい」と思うシフォンは
決して奇をてらったり、凝りすぎているものではありません。
「また食べたい」とか「もう一つ食べたい」と思えるやさしい味わいの
定番のシフォンなのだと、教室を通じて確信しています。

お子さんから年配の方まで、あらゆる世代の方が満足できるシフォンをと、
レシピを考案してきました。
本書では、150以上あるレシピの中から基本や定番のアレンジシフォンと
特に受講予約が殺到した人気のシフォンレシピを厳選してお届けします。
また、「メレンゲを制する者はシフォンを制す」と銘打って
のびのある均一なメレンゲを立てるための特別レッスンも公開しています。

中には難易度の高いものもありますが、基本のバニラシフォンをマスターして
ご自身でレベルアップをはかりながら挑戦してみてください。
この本がシフォン作りのバイブルとなり、
みなさんの手元で、いつまでも活用されることを願っています。

中山真由美

contents

［シフォン作りの前に　この本の使い方］

- 材料は一部を除いて、17cm型と20cm型の分量を紹介しています。
- 1カップは200ml、大さじ1は15ml、小さじ1は5mlです。
- 生クリームは乳脂肪分47%のもの、バターは食塩不使用のものを使用しています。
- オーブンは設定温度に予熱しておきます。焼き時間、設定温度は電気、ガスオーブンを併記しました。メーカーや機種などによって多少差がありますので、レシピの時間を目安に様子を見ながら加減してください。
- 電子レンジの加熱時間は、600Wが基準です。500Wの場合は2割増しにしてください。

part3

いろいろな味のシフォンバリエーション

チャレンジしたい上級シフォン

part1 *Lesson*

ingredients and tools, vanilla chiffon, arrange chiffon...

基本のシフォンケーキ徹底レッスン

ふわふわ、しっとりのシフォンをめざし、
まずは生地そのものを味わう
基本のバニラシフォンで
作り方のコツをマスターしましょう。

バニラシフォンの材料を少し変えるだけで
味わいが変わるアレンジシフォンも紹介します。
42ページからのシフォンケーキに関するQ＆Aも
ぜひ参考にしてください。

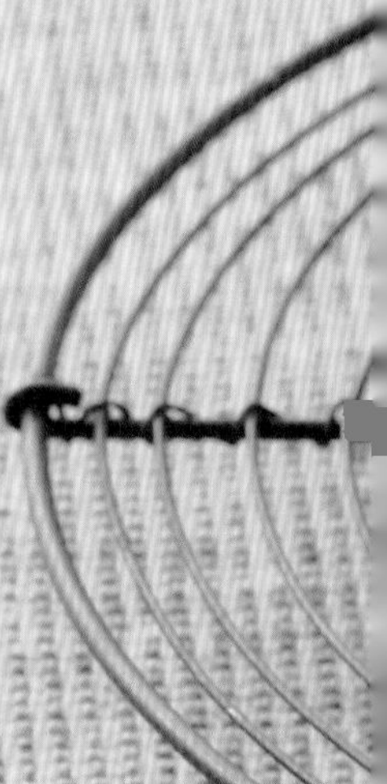

[薄力粉]

ふわふわ、しっとりの食感にするには、グルテンの少ない薄力粉を。教室では北海道産小麦の「ファリーヌ」を使っています。

[グラニュー糖]

一般のグラニュー糖でもかまいませんが、製菓用の微粒子タイプがおすすめ。粒子が小さい分、冷たい卵白にも混ざりやすく、メレンゲが早く立てられます。

[卵]

この本ではLサイズを使用。使う個数の目安は10ページを参照してください。鮮度のよい卵は卵白にコシがあり、しっかりとしたメレンゲができます。使う直前まで冷蔵しておきます。

[油]

シフォンケーキの特徴のひとつは植物油を使うこと。菜種油など植物性のサラダ油が向いています。

ingredients & tools

シフォンケーキの基本の材料と道具

基本のシフォンケーキで使う材料はいたってシンプルです。
道具も専用のシフォン型さえあれば、あとはどのお菓子作りでも使う道具でOKなので、すぐに作り始められます。

[バニラオイル]
[バニラビーンズ]

基本のバニラシフォンは、焼いても香りが飛びにくいバニラオイルで香りづけを。あれば天然のバニラビーンズを使うと香りも濃厚です。

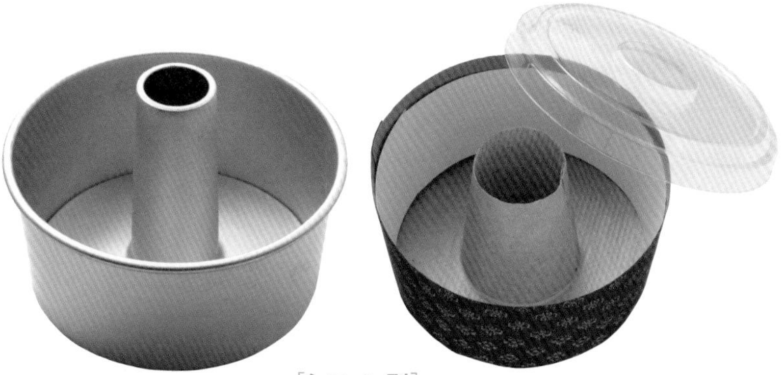

[シフォン型]

中央を筒状にし、中からも熱が伝わり、むらなく焼けるように工夫された専用の型。いろいろなサイズがありますが、本書では17cmと20cmを使用しています。熱伝導のよいアルミ製がおすすめですが、プレゼント用にはそのまま渡すことができる紙製の型を。

[泡立て器]

卵黄生地を混ぜ合わせるときに。使う前に汚れが残っていないかどうかのチェックを忘れずに。

[ゴムべら]

卵黄生地とメレンゲを合わせるときに使います。へらの部分に適度な弾力性があり、柄まで一体化した継ぎ目のないものが洗いやすい。

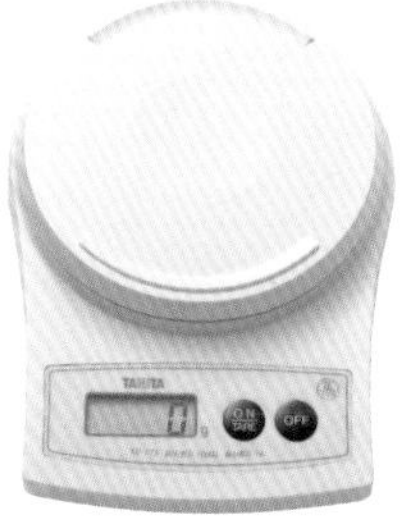

[デジタルスケール]

目盛り表示が見やすく、1g単位で量れるデジタルスケールを。容器の重さを0にして量れる風袋引き機能があるものが便利です。

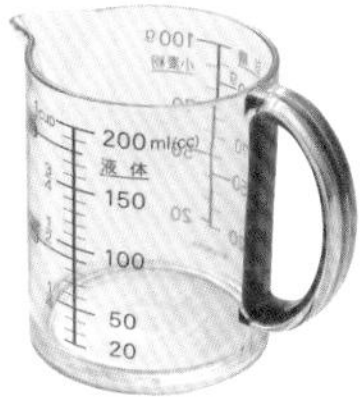

[計量カップ]

液体状のものを量ります。目盛りが見やすい、200㎖カップの準備を。

[ボウル]

厚手のステンレス製を選びましょう。メレンゲを泡立てるときは深めの大きいサイズを。きれいに洗って、よく水気を拭き取ってから使いましょう。

[粉ふるい]

薄力粉など、粉類をふるうときに使います。なるべく目の細かいステンレス製を。

[ハンドミキサー]

電動式の泡立て器。シフォンケーキのメレンゲの泡立てに欠かせません。低速〜高速の3段階ぐらいに調節できるものを。

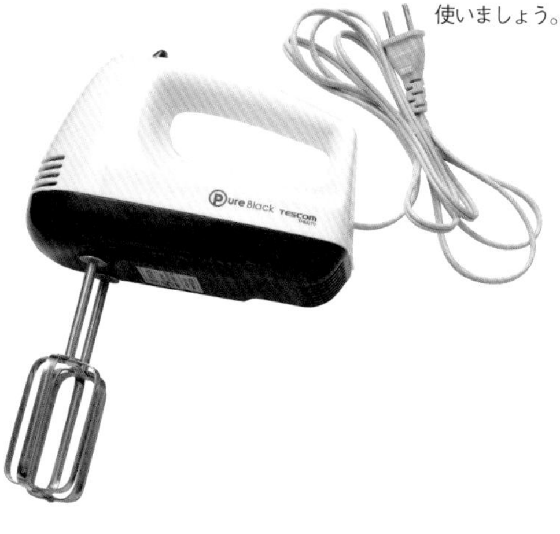

[パレットナイフ]

ケーキを型からはずすときや、シフォンケーキに生クリームなどをデコレーションするときに使います。

バニラシフォンで覚える
基本の作り方

Basic
Vanilla chiffon

シンプルなバニラシフォンケーキで
基本の作り方のポイントを紹介します。
ふわふわ、しっとりに仕上げるコツをマスターして
いろいろな味のシフォンに挑戦してください。

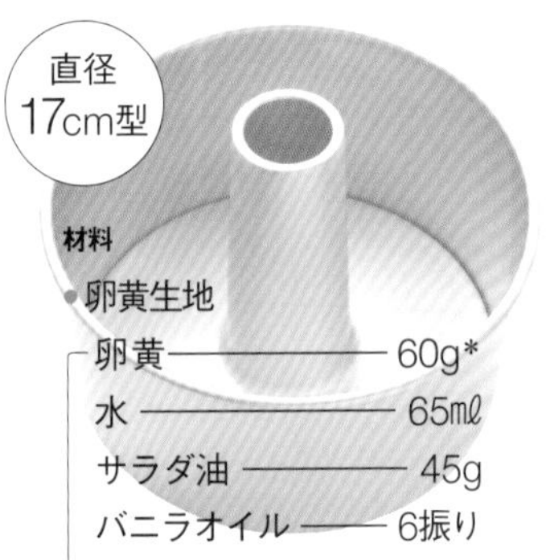

直径
17cm型

材料

● 卵黄生地
- 卵黄 ―― 60g*
- 水 ―― 65mℓ
- サラダ油 ―― 45g
- バニラオイル ―― 6振り
- 薄力粉 ―― 75g

● メレンゲ
- 卵白 ―― 120g*
- グラニュー糖 ―― 65g

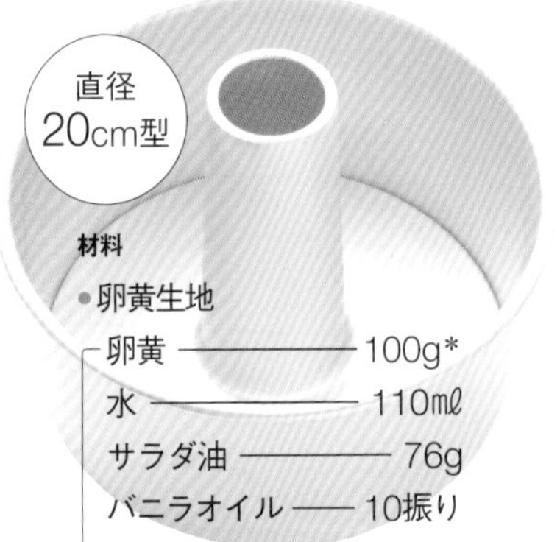

直径
20cm型

材料

● 卵黄生地
- 卵黄 ―― 100g*
- 水 ―― 110mℓ
- サラダ油 ―― 76g
- バニラオイル ―― 10振り
- 薄力粉 ―― 125g

● メレンゲ
- 卵白 ―― 200g*
- グラニュー糖 ―― 110g

*卵の分量の目安

この本では、Lサイズの卵を使用しています。殻を除いた重さはおおよそ、卵黄20g、卵白40gです。レシピの分量が卵黄60g・卵白120gのときは卵3個、卵黄100g・卵白200gのときは卵5個が目安です。ですが、卵の重さには個体差があります。安定した仕上がりをめざすために、レシピの分量どおりにデジタルスケールで1g単位まできっちりと計量してください。

下準備

卵黄、卵白をボウル2つにそれぞれ割り入れる。

卵黄生地を作っている間、卵白をボウルごと、冷凍庫で縁がゼリー状になるまで冷やす。

食品対応のポリ袋に薄力粉を入れ、空気を含ませるように振る。

{卵黄生地を作る} 手首だけを使い、泡立て器を素早く動かして混ぜる

1

卵黄を泡立て器で溶きほぐす。

2

水、サラダ油の順に加えてそのつど混ぜる。

3

バニラオイルを振る。2〜3滴ではなく「バ・ニ・ラ・オ・イ・ル」と6振りする。バニラの風味を強調するには、バニラオイルのかわりにバニラビーンズを使うとよい。

バニラビーンズは、ナイフでさやに縦に切り目を入れ、刃先で種をしごき出して生地に加える。17cm型の分量で1/3本、20cm型なら1/2本を目安に。

4 薄力粉を粉ふるいでふるいながら**3**に加える。

5 手首だけを使って泡立て器を素早く動かし、ダマがなくなるまでしっかりと混ぜる。

{メレンゲを作る} つやつやで、のびのある しっかりとしたメレンゲを作る

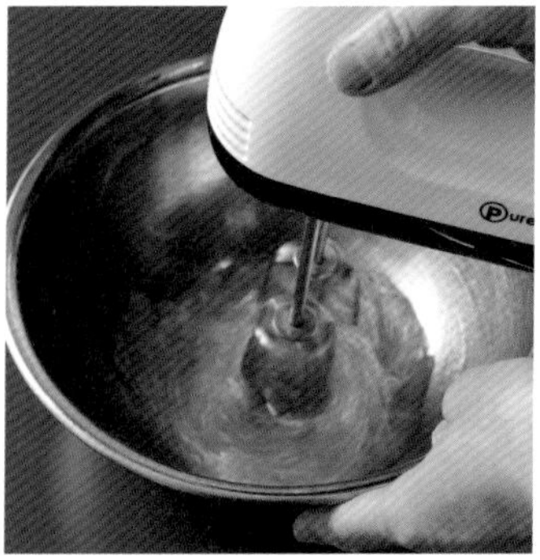

6

卵白のボウルにハンドミキサーの羽根をまっすぐ入れて、卵白をゆっくりとほぐすような感じで、いちばん低速で泡立てる。その際、ハンドミキサーは動かさないこと。

7

卵白の細かい泡が全体に広がったところで、高速にかえる。ハンドミキサーをまっすぐに持って、小刻みに小さい円を描きながら、ボウルを手前に回しながら泡立てていく。

8

さらに、羽根をボウルの側面に軽く打ちつけるように、中心から渦巻き状に大きく空気を含ませながら泡立てていく。このとき、羽根でボウルをゴリゴリとこすらないこと。

9

7と**8**の泡立て方をくり返しながら泡立てる。ボウルの縁には水分を含むメレンゲがたまりやすいので、絶えずハンドミキサーの羽根でこするようにするとよい。

10

写真のように軽く角《つの》が立ったら、グラニュー糖を3回に分けて加える。グラニュー糖を加えて一気に混ぜるとメレンゲがゆるむので、少しずつ周りのメレンゲになじませるようにハンドミキサーの羽根を動かしていく。だんだん泡が重くなってつやも出てくる。

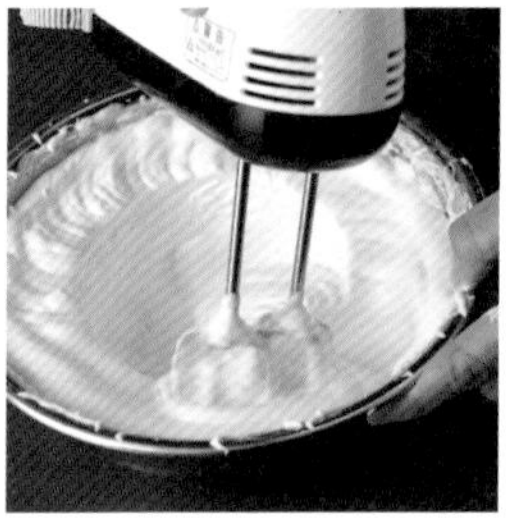

11

角が立ったメレンゲになったら、低速にかえる。ゆっくり20秒から30秒回し、メレンゲの泡のきめを整える。

12

真珠のような輝きの、つやつやのメレンゲの完成。ボウルを逆さにしても落ちないかたさを目安に。

｛卵黄生地とメレンゲを混ぜる｝

切らない、払わない、持ち上げない。メレンゲの泡を消さずに、卵黄生地に均一に混ぜ込む

13

5の卵黄生地にメレンゲを3回に分けて加える。まず1/3量のメレンゲをのせ、メレンゲの下の卵黄生地の表面まで泡立て器を入れ、手の力を抜いて泡立て器を素早く動かし、メレンゲをなじませていく。

14

メレンゲのかたまりがなくなったら、2回目のメレンゲを加え、同様に素早くなじませる。3回目のメレンゲを加えてなじませたあとの状態は、下は卵黄生地、上はメレンゲ卵黄生地の2層になっている。

15

ボウルを回しながら、泡立て器でそっと生地を底からたっぷりすくい上げるように持ち上げ、泡立て器の目を通して生地を落とす。これを3回くり返す。

16

卵黄生地とメレンゲがむらむらに混ざり合った状態になる。

17

ここでゴムべらにかえる。まずゴムべらを縦に入れてやさしく全体をあえるように5～6回混ぜる。

18

次にゴムべらを生地の中央に斜めに入れ（写真a）、ボウルの底をこするようにしながら（写真b）縁のいちばん上まで動かす（写真c）。ここでボウルを左手で1/6回転、時計と逆方向に回して、同様に混ぜるのをくり返す。ゴムべらの位置はボウルの真ん中から真横に動かす。一定のリズムで力を抜いてゴムべらを動かしていくこと。

〈ゴムべらの動かし方〉

a 斜めに入れる

b ボウルの底をこするように

c 縁の上まで動かす

19 混ぜ終わり。生地につやが出て、ふんわりとし、ゴムべらですくって逆さにしてもすぐには落ちないかたさがベスト。メレンゲのかたまりが残っていないかのチェックも忘れずに。

ゴムべらの使い方を練習しましょう

メレンゲの泡を消さずに卵黄生地に均一に混ぜ込むためには、このゴムべら混ぜがポイント。この混ぜ方がきちんとできると、ボウルにつく生地の跡が写真のようになります。ゴムべらの通る位置は必ずボウルの真ん中から縁まで。ボウルに残った少量の生地や水溶き小麦粉などで練習してみましょう。

バターや乳製品が入るシフォンは［ゴムべらだけで混ぜる］

(P20・24・26・28・30・32・34・36・38・40・68・72・90・92・94のシフォンの場合)

「卵黄生地とメレンゲを混ぜる」ときは、泡立て器とゴムべらを併用するのが基本ですが、バターやヨーグルト、チーズなどの乳製品を多く加えるシフォンの場合は、生地がゆるみやすいので泡立て器は使わず、最初からゴムべらだけで混ぜ込みます。

1 卵黄生地にメレンゲを1/3量ずつ3回に分けて加える。メレンゲを加えるたびに、まずやさしくあえるように、生地全体を5～6回ゴムべらで軽く混ぜる。

2 次にボウルを1～2周回転させる程度の回数で18 (P13) の混ぜ方をする。2回目のメレンゲまでは同様に混ぜる。

3 3回目のメレンゲを加えたら、生地につやが出てふんわりとするまで18 (P13) の混ぜ方をくり返す。

{生地を型に流す} 空気を抱き込まないように、できるだけ「そ〜っと」&「手早く」流す

20

何も塗らない型に生地を流す。型の縁の約1cm手前のところにボウルを傾け、生地をゴムべらで上から下に向かって押し出すように送りながら一気に流し入れる。型の八分目を目安に。高いところから勢いよく入れたり、ゆっくり入れると、大きな気泡が入りがちなので注意する。

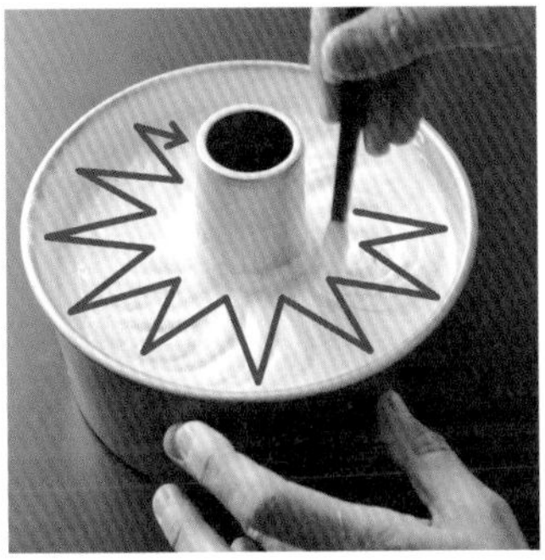

21

塗り箸を筒から縁に向かってギザギザと動かして1周する。

22

次にグルグルと渦巻き状に生地を混ぜ、もう一度ギザギザと1周して、空気抜きをしながら生地の高さを均一にならす。

23

型を両手で持ち上げ、軽くゆする。

24

生地を型の縁につけるように、ゴムべらで内側から縁に向かってならす。

{焼く} 割れ目にも焼き色がつくくらいまで焼く

25

予熱したオーブンに入れて焼く。

		17cm型	20cm型
焼き時間	ガスオーブン 180℃	22〜25分	35〜40分
	電気オーブン 170℃	35〜40分	50〜55分

{冷ます}

逆さにすることで、ふくらんだ形をそのままキープ

26 焼き上がったらすぐにびんなどに逆さに立てて、完全に冷ます。ケーキを安定させるために、冷めたらびんからはずし、逆さにしたままラップとポリ袋で密封して冷蔵庫で一晩おき、翌日、型からはずす。

{型からはずす}

ケーキにナイフで傷をつけると、くびれてしまう原因に

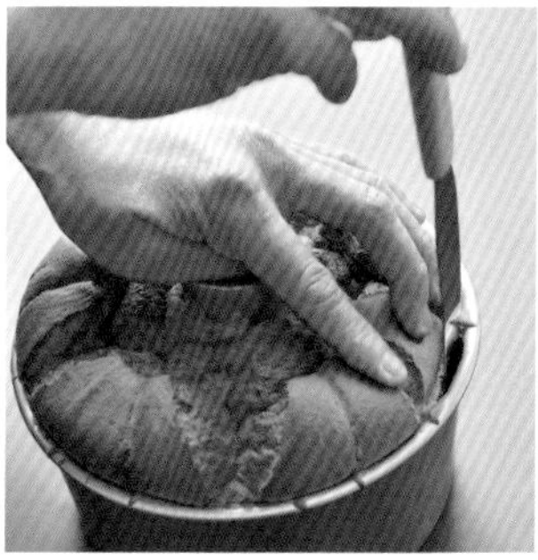

27 ケーキの縁を指で筒側に引っぱりながら、型とケーキの間にパレットナイフの刃先を外側に押しつけるように縦に1刺しずつ入れ、型を回しながら1周する。

28 筒とケーキの間にも、底面に当たるまでパレットナイフを縦に入れて、1周する。

29 逆さにして型からはずす。

30 底板とケーキの間にパレットナイフを差し込んで1周させてはがし、上下を返して底板を抜き取る。

ふわふわ、しっとりのバニラシフォンの完成です。
焼いた翌日以降が味もなじんで、一層おいしくなります。
好みの大きさにカットしていただきましょう。

バニラシフォンのアレンジ4 arrange

シンプルなシフォンケーキは、材料の粉や油脂などを別の材料にかえたり、ひと味プラスすることで、違う食感や香りが楽しめます。基本のバニラシフォンを4つのおいしさにアレンジしました。

1 粉をかえる
薄力粉を米粉に

米粉／国産うるち米を細かく製粉した製菓用の粉。米粉は粒子の大きさが小麦粉の約半分。

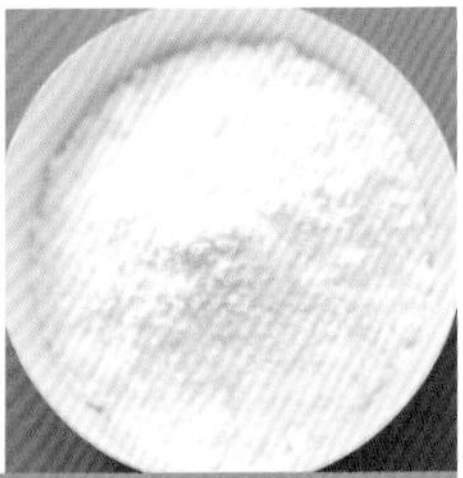

[米粉シフォン]

米粉はしっとりとやわらかく、きめ細かい生地に焼き上がります。水分を牛乳にかえ、風味豊かに

材料(各1台分)

	[17cm型]	[20cm型]
●卵黄生地		
卵黄	60g	100g
牛乳	60mℓ	100mℓ
サラダ油	45g	76g
バニラビーンズ	⅓本	½本
米粉	80g	135g
●メレンゲ		
卵白	160g	260g
グラニュー糖	65g	110g

		17cm型	20cm型
焼き時間●	ガスオーブン 180℃	22～25分	35～40分
	電気オーブン 170℃	35～40分	50～55分

下準備

- 卵黄、卵白をボウル2つにそれぞれ割り入れる。
- 卵黄生地を作っている間、卵白を冷凍庫に入れて、縁がゼリー状になるまで冷やす。
- ポリ袋に米粉を入れ、空気を含ませるように振る。

作り方

1 卵黄生地を作る。卵黄を泡立て器で溶きほぐし、牛乳、サラダ油の順に加えてそのつど混ぜる。しごき出したバニラビーンズと、米粉をふるいながら加えて、ダマがなくなるまで混ぜる。

2 基本の「メレンゲを作る」(P12・6～12)と同様の手順で卵白にグラニュー糖を加えて泡立て、しっかりとしたメレンゲを作る。

3 基本の「卵黄生地とメレンゲを混ぜる」(P13・13～19)と同様の手順で、卵黄生地にメレンゲを3回に分けて加え、メレンゲの泡を消さないようにゴムべらで卵黄生地に均一に混ぜ込む。

4 基本の「生地を型に流す」(P15・20～24)と同様の手順で3の生地を型に流し、予熱したオーブンに入れて焼く。

5 焼き上がったら逆さにして冷まし、基本の「型からはずす」(P16・27～30)と同様の手順でケーキを型からはずす。

砂糖をかえる 2

グラニュー糖を和三盆糖に

[和三盆糖シフォン]

和三盆がほのかに香る上品な甘さのシフォン。
味がなじんだら、食べ頃です

材料(各1台分)　[17cm型]　[20cm型]

●卵黄生地
- 卵黄 ―― 60g …… 100g
- 水 ―― 65mℓ …… 110mℓ
- サラダ油 ―― 45g …… 76g
- バニラビーンズ ―― ⅓本 …… ½本
- 薄力粉 ―― 75g …… 125g

●メレンゲ
- 卵白 ―― 120g …… 200g
- 和三盆糖 ―― 65g …… 110g

		17cm型	20cm型
焼き時間●	ガスオーブン 180℃	22～25分	35～40分
	電気オーブン 170℃	35～40分	50～55分

下準備
- ●卵黄、卵白をボウル2つにそれぞれ割り入れる。
- ●卵黄生地を作っている間、卵白を冷凍庫に入れて、縁がゼリー状になるまで冷やす。
- ●ポリ袋に薄力粉を入れ、空気を含ませるように振る。

作り方

1　卵黄生地を作る。卵黄を泡立て器で溶きほぐし、水、サラダ油の順に加えてそのつど混ぜる。しごき出したバニラビーンズと、薄力粉をふるいながら加えて、ダマがなくなるまで混ぜる。

2　基本の「メレンゲを作る」(P12・6～12)と同様の手順で、卵白に和三盆糖を加えて泡立て、しっかりとしたメレンゲを作る。

3　基本の「卵黄生地とメレンゲを混ぜる」(P13・13～19)と同様の手順で、卵黄生地にメレンゲを3回に分けて加え、メレンゲの泡を消さないようにゴムべらで卵黄生地に均一に混ぜ込む。生地につやが出てふんわりとしていればOK。

4　基本の「生地を型に流す」(P15・20～24)と同様の手順で3の生地を型に流し、予熱したオーブンに入れて焼く。

5　焼き上がったら逆さにして冷まし、基本の「型からはずす」(P16・27～30)と同様の手順でケーキを型からはずす。

和三盆糖／日本古来の製法で作られる、結晶が細かく適度の湿り気がある、上品な味の砂糖。主産地は徳島県。

3 油をかえる

サラダ油をバターに

[バターシフォン]

焦がしバターの香りが口の中に広がります。
コクのあるリッチな味わいが魅力のシフォン

材料(各1台分) [17cm型] [20cm型]

●卵黄生地

	[17cm型]	[20cm型]
卵黄	80g	120g
はちみつ	15g	20g
水	55mℓ	80mℓ
バター(食塩不使用)	55g	80g
バニラビーンズ	⅓本	½本
薄力粉	67g	100g
アーモンドパウダー	33g	50g

●メレンゲ

	[17cm型]	[20cm型]
卵白	215g	320g
グラニュー糖	75g	130g

		17cm型	20cm型
焼き時間	ガスオーブン 180℃	22〜25分	35〜40分
	電気オーブン 170℃	35〜40分	50〜55分

下準備

●卵黄、卵白をボウル2つにそれぞれ割り入れる。
●卵黄生地を作っている間、卵白を冷凍庫に入れて、縁がゼリー状になるまで冷やす。
●ポリ袋に薄力粉とアーモンドパウダーを入れ、空気を含ませるように振る。

作り方

1 焦がしバターを作る。小鍋にカットしたバターを入れて弱火にかける。焦げ茶色になったらすぐに火を止めて、水の入ったボウルに鍋の底をつけて冷やす。茶こしでこして、粗熱を取る。

2 卵黄生地を作る。卵黄を泡立て器で溶きほぐし、はちみつ、水、1の順に加えてそのつど混ぜる。しごき出したバニラビーンズ、合わせた粉類をふるいながら加えて、ダマがなくなるまで混ぜる。

3 基本の「メレンゲを作る」(P12・6〜12)と同様の手順で、卵白にグラニュー糖を加えて泡立て、しっかりとしたメレンゲを作る。

4 「ゴムべらだけで混ぜる」(P14)と同様の手順で、卵黄生地にメレンゲを3回に分けて加え、メレンゲの泡を消さないようにゴムべらで卵黄生地とメレンゲを混ぜる。生地につやが出て、ふんわりとしていればOK。

5 基本の「生地を型に流す」(P15・20〜24)と同様の手順で4の生地を型に流し、予熱したオーブンに入れて焼く。

6 焼き上がったら逆さにして冷まし、基本の「型からはずす」(P16・27〜30)と同様の手順でケーキを型からはずす。

ポイント●

焦がしバターを加えた生地はゆるみやすく、メレンゲの泡も消えやすいので、バターシフォンは難易度が高いです。卵黄生地とメレンゲを混ぜるときに、泡立て器は使わず、最初からゴムべらだけの混ぜ方にしてメレンゲの泡を消さないように手早く合わせましょう。

4 素材をプラス

＋塩

[塩バニラシフォン]

塩を微量加えることで、
バニラシフォンの甘さが
より引き立ちます

材料(各1台分)

	[17cm型]	[20cm型]
●卵黄生地		
卵黄	60g	100g
牛乳	75mℓ	125mℓ
サラダ油	45g	76g
バニラビーンズ	⅓本	½本
薄力粉	75g	125g
●メレンゲ		
卵白	140g	232g
塩	1g	2g
グラニュー糖	65g	108g

		17cm型	20cm型
焼き時間	ガスオーブン 180℃	22〜25分	35〜40分
	電気オーブン 170℃	35〜40分	50〜55分

下準備

●卵黄、卵白をボウル2つにそれぞれ割り入れる。
●卵黄生地を作っている間、卵白を冷凍庫に入れて、縁がゼリー状になるまで冷やす。
●ポリ袋に薄力粉を入れ、空気を含ませるように振る。

作り方

1 卵黄生地を作る。卵黄を泡立て器で溶きほぐし、牛乳、サラダ油の順に加えてそのつど混ぜる。しごき出したバニラビーンズ、薄力粉をふるいながら加えて、ダマがなくなるまで混ぜる。

2 基本の「メレンゲを作る」(P12･6〜12)を参照して、卵白を泡立て始めるときに塩を加え、さらにグラニュー糖を加えて泡立て、しっかりとしたメレンゲを作る。

3 基本の「卵黄生地とメレンゲを混ぜる」(P13･13〜19)と同様の手順で、卵黄生地にメレンゲを3回に分けて加え、メレンゲの泡を消さないようにゴムべらで卵黄生地に均一に混ぜ込む。生地につやが出て、ふんわりとしていればOK。

4 基本の「生地を型に流す」(P15･20〜24)と同様の手順で3の生地を型に流し、予熱したオーブンに入れて焼く。

5 焼き上がったら逆さにして冷まし、基本の「型からはずす」(P16･27〜30)と同様の手順でケーキを型からはずす。

ポイント

塩味を強調したい場合は、塩の量を17cm型で2g、20cm型で3gまでを限度に増やしてください。それ以上は塩辛くなっておいしくありません。

「chiffon chiffon」のお菓子教室で生まれた
シフォンレシピは、今や150点以上。

数ある講座の中でも生徒さんからの予約が絶えず、
リピート率の高い人気レシピをセレクトしました。

やや難易度の高いものもありますが、
どれもくり返し作りたい＆食べたい
珠玉のシフォンレシピです。

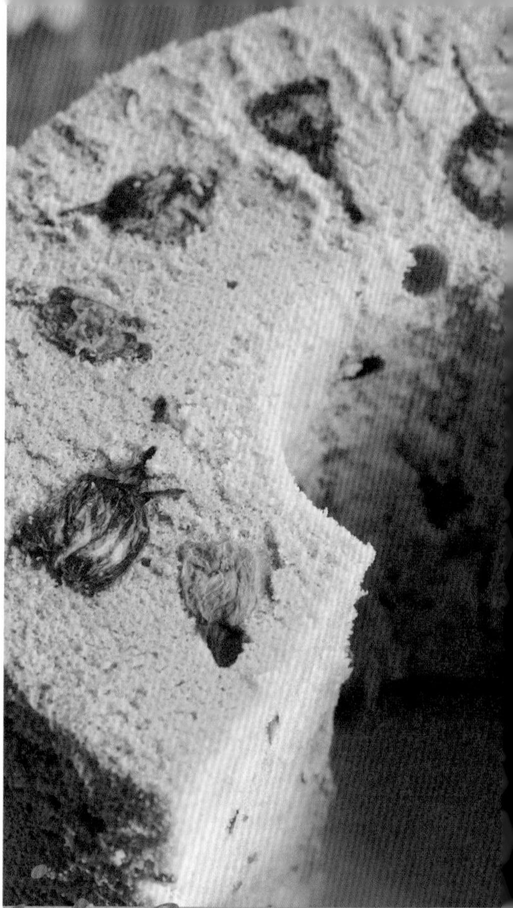

part2

peach & cheese, cocoa & raspberry, grape fruit & lemon...

Best Recipe

くり返し作りたい、シフォン教室のベストレシピ

［ベストレシピ］
Best Recipe
1

桃とチーズ

peach & cheese

みずみずしい桃本来の味と食感、
やさしい香りをシフォンで表現しました。
一口食べると想像以上に「あっ、桃！」と、思わず言葉が出るほど。
ジューシーでふわふわな食感、後味の余韻までもが、まさに桃。
桃は電子レンジで水分を飛ばし、きちんと正味量を計量しましょう

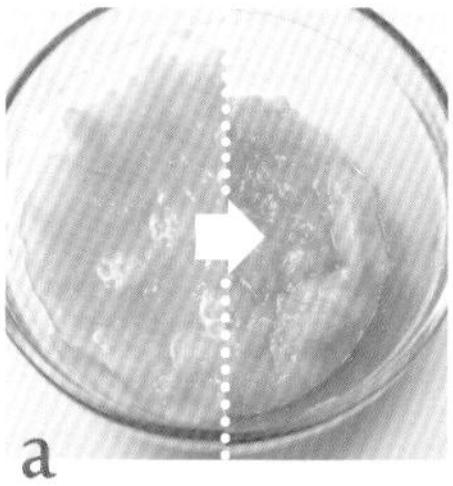
a

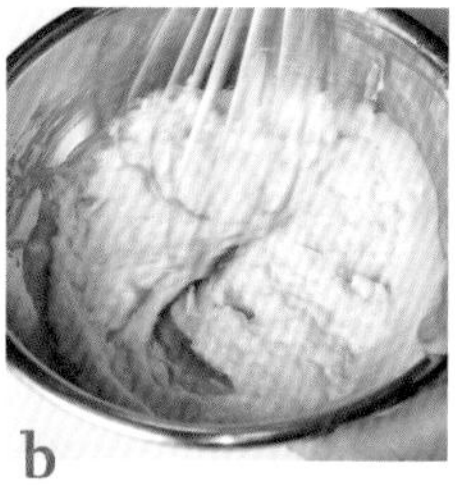
b

c

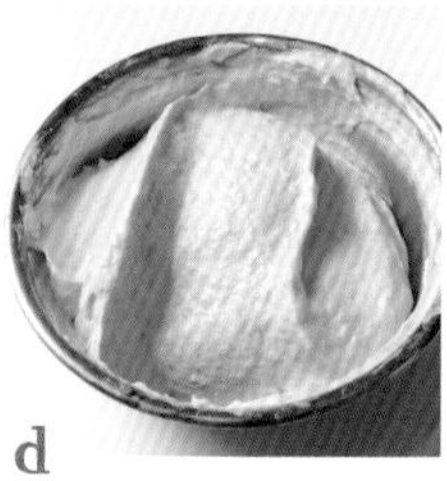
d

材料(各1台分)

	［17cm型］	［20cm型］
●卵黄生地		
卵黄	60g	100g
白桃（缶詰・2つ割り）	140g	230g
クリームチーズ	80g	133g
生クリーム	15mℓ	17mℓ
桃のリキュール	10mℓ	17mℓ
サラダ油	30g	50g
薄力粉	75g	125g
●メレンゲ		
卵白	140g	232g
グラニュー糖	65g	108g
レモン汁	5mℓ	8mℓ

		17cm型	20cm型
焼き時間●	ガスオーブン 180℃	22～25分	35～40分
	電気オーブン 170℃	35～40分	50～55分

下準備
- 卵黄、卵白をボウル2つにそれぞれ割り入れる。
- 卵黄生地を作っている間、卵白は冷凍庫に入れ、縁がゼリー状になるまで冷やす。
- ポリ袋に薄力粉を入れ、空気を含ませるように振る。

作り方

1 桃は耐熱容器に入れてつぶし、電子レンジで7分30秒加熱して正味75g（20cm型の場合は125g）を計量する（写真**a**）。クリームチーズも同様に電子レンジで1分30秒加熱する。2つを合わせてボウルに入れ、ハンドミキサーで攪拌し、生クリーム、桃のリキュールを加えて泡立て器で混ぜる（写真**b**）。

2 卵黄生地を作る。卵黄を泡立て器で溶きほぐし、**1**、サラダ油の順に加えて混ぜる。泡立て器で混ぜながら、湯せんに20秒ほどかける（写真**c**）。湯せんをはずし、薄力粉をふるいながら加えて、ゆっくりとなじませるように混ぜる。

3 基本の「メレンゲを作る」（P12・**6～12**）を参照して卵白にグラニュー糖とレモン汁を加えて泡立て、しっかりとしたメレンゲを作る。グラニュー糖は3回に分けて加え、レモン汁は少量ずつ回数を分けて加える。

4 「ゴムべらだけで混ぜる」（P14）と同様の手順で、卵黄生地にメレンゲを3回に分けて加え、メレンゲの泡を消さないように、ゴムべらで卵黄生地とメレンゲを混ぜる。生地につやが出て、ふんわりとしていればOK（写真**d**）。

5 基本の「生地を型に流す」（P15・**20～24**）と同様の手順で**4**の生地を型に流し、予熱したオーブンに入れて焼く。

6 焼き上がったら逆さにして冷まし、基本の「型からはずす」（P16・**27～30**）と同様の手順でケーキを型からはずす。

［桃のリキュール］
南フランス産の黄桃だけで作られた芳醇な桃のリキュール、「ルジェ クレーム ド ペシェ」。ペシェとはフランス語で桃のこと。まろやかな甘さ、さわやかな香りが特徴。

［ベストレシピ］
Best Recipe
2

ココアとラズベリー

cocoa & raspberry

教室でも大人気のピンクとココア色のラブリーシフォンは
ラズベリーの甘酸っぱさとココアの苦みがこの上なくマッチ。
ココアとラズベリー、2つの生地を同時進行で、
同じかたさに仕上げるのが成功のポイント

材料(各1台分)

		[17cm型]	[20cm型]
●ココア卵黄生地			
	卵黄	30g	50g
A	牛乳	50mℓ	83mℓ
A	カカオパウダー*	12g	20g
	サラダ油	22g	38g
	薄力粉	25g	42g
●ラズベリー卵黄生地			
	卵黄	30g	50g
	ラズベリーピューレ(冷凍)	60g	100g
B	レモン汁	12mℓ	20mℓ
B	ラズベリーリキュール	8mℓ	13mℓ
	サラダ油	22g	38g
	薄力粉	37g	60g
●メレンゲ			
	卵白	140g	232g
	グラニュー糖	70g	116g
	レモン汁	5mℓ	8mℓ

*カカオの風味が強い上質なココアパウダー。
焼いても色落ちせず、濃いチョコレート色に仕上がる。

		17cm型	20cm型
焼き時間●	ガスオーブン 180℃	22〜25分	35〜40分
	電気オーブン 170℃	35〜40分	50〜55分

下準備

- ココア生地用の卵黄、ラズベリー生地用の卵黄、卵白をボウル3つにそれぞれ割り入れる。
- 卵白は卵黄生地を作っている間冷凍庫に入れ、縁がゼリー状になるまで冷やす。
- ポリ袋2枚にそれぞれの薄力粉を入れ、空気を含ませるように振る。

a

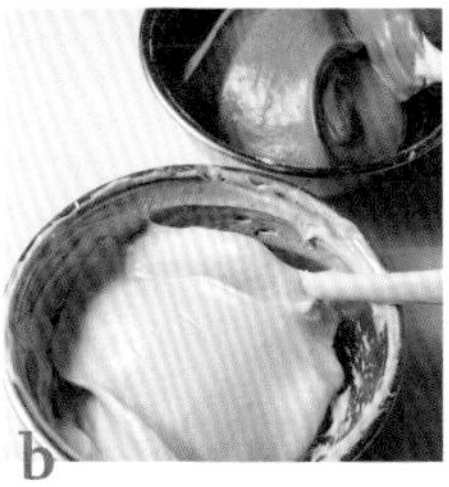
b

c

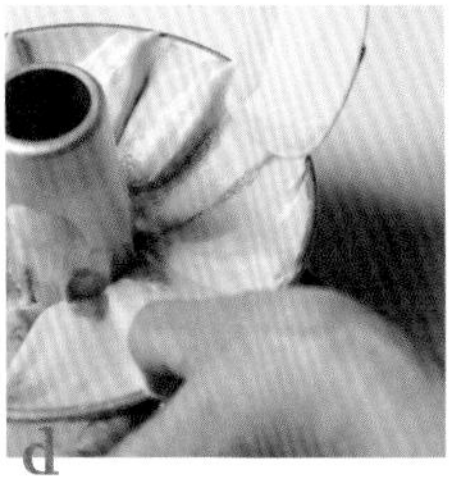
d

作り方

1 小鍋にAを入れて煮溶かし、サラダ油を加えてゴムべらで混ぜる。

2 冷凍庫から出したてのラズベリーピューレを耐熱容器に入れ、電子レンジで約4分加熱して正味33g（20cm型の場合は55g）を計量する。Bを加えて混ぜる。

3 ココア卵黄生地を作る。卵黄を泡立て器で溶き、**1**を加えて混ぜる。泡立て器で混ぜながら、湯せんに20秒ほどかける。湯せんからはずし、薄力粉をふるいながら加えて、ゆっくりとなじませるように混ぜる（写真**a**／上）。

4 ラズベリー卵黄生地を作る。卵黄を泡立て器で溶きほぐし、**2**、サラダ油の順に加えて混ぜる。泡立て器で混ぜながら、さっと温める程度に湯せんにかける。湯せんからはずし、薄力粉をふるいながら加えて、ゆっくりとなじませるように混ぜる（写真**a**／下）。

5 基本の「メレンゲを作る」（P12･**6**〜**12**）を参照して卵白にグラニュー糖とレモン汁を加えて泡立て、しっかりとしたメレンゲを作る。

6 メレンゲを半量ずつに分け、「ゴムべらだけで混ぜる」（P14）と同様の手順で、ココア卵黄生地とラズベリー卵黄生地にそれぞれ3回に分けて加える。メレンゲの泡を消さないように、ゴムべらでゆっくりと卵黄生地に均一に混ぜ込む。生地につやが出て、ふんわりとしていればOK（写真**b**）。

7 型にココア、ラズベリーの順に1/3量ずつ交互に生地を入れる。生地はカードで入れ（写真**c**）、そのつどゴムべらで下の生地を動かさないようにしながら型の側面に向かって広げ、きれいな6層になるようにする。ゴムべらで生地を型の縁につけるようにならし（写真**d**）、予熱したオーブンに入れて焼く。

8 焼き上がったら逆さにして冷まし、基本の「型からはずす」（P16･**27**〜**30**）と同様の手順でケーキを型からはずす。型出し後、好みでラズベリーリキュールを刷毛で軽くたたきながら塗ると、風味が一段と引き立つ。

［ベストレシピ］
Best Recipe
3

グレープフルーツとレモン

grapefruit & lemon

グレープフルーツの果肉と
レモン1個分の皮のすりおろしを加えて焼きました。
それはそれはさわやかで、ジューシーな柑橘系シフォン。
ピンクグレープフルーツを使えば、
カット面のアクセント効果大です

材料(各1台分)	[17cm型]	[20cm型]
●卵黄生地		
卵黄	60g	100g
グレープフルーツ(ピンク)	1個	1½個
レモン	1個	小2個
サラダ油	40g	69g
薄力粉	75g	125g
●メレンゲ		
卵白	140g	232g
グラニュー糖	65g	108g
塩	ひとつまみ	ひとつまみ

		17cm型	20cm型
焼き時間	ガスオーブン 180℃	22〜25分	35〜40分
	電気オーブン 170℃	35〜40分	50〜55分

下準備

- 卵黄、卵白をボウル2つにそれぞれ割り入れる。
- 卵黄生地を作っている間、卵白は冷凍庫に入れ、縁がゼリー状になるまで冷やす。
- ポリ袋に薄力粉を入れ、空気を含ませるように振る。
- レモンは果汁を搾り、皮はすりおろす。

a

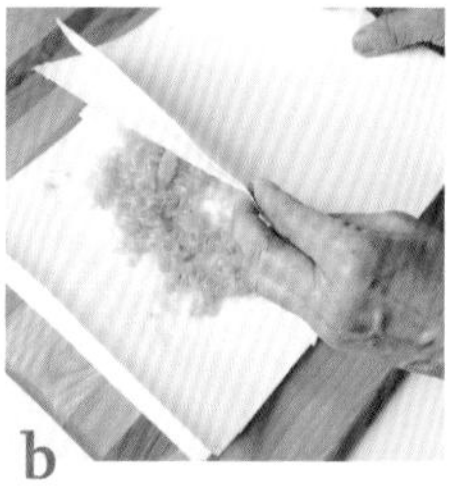
b

c

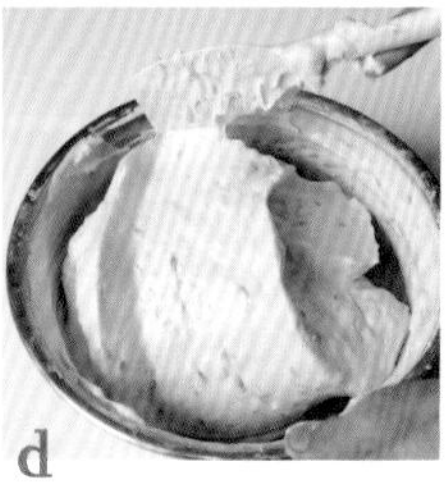
d

作り方

1 グレープフルーツは房から果肉をとり出してボウルに入れ、泡立て器で混ぜてほぐす。そのとき出た果汁はざるでこして取っておく(写真a)。果肉はペーパータオルで水気を拭き(写真b)、正味80g(20cm型の場合は135g)用意する。レモン汁1個分(30g)にグレープフルーツ果汁を足して50g(20cm型の場合はレモン汁60gにグレープフルーツ果汁を足して83g)を計量する。

2 卵黄生地を作る。卵黄を泡立て器で溶きほぐし、1の果肉と果汁、レモンの皮のすりおろし(写真c)、サラダ油の順に加えて混ぜる。薄力粉をふるいながら加えて、ゆっくりとなじませるように混ぜる。

3 基本の「メレンゲを作る」(P12・6〜12)を参照して卵白に塩とグラニュー糖を加えて泡立て、しっかりとしたメレンゲを作る。

4 「ゴムべらだけで混ぜる」(P14)と同様の手順で卵黄生地にメレンゲを3回に分けて加え、メレンゲの泡を消さないようにゴムべらで卵黄生地に均一に混ぜ込む。生地につやが出て、ふんわりとすればOK(写真d)。

5 基本の「生地を型に流す」(P15・20〜24)と同様の手順で4の生地を型に流し、予熱したオーブンに入れて焼く。

6 焼き上がったら逆さにして冷まし、基本の「型からはずす」(P16・27〜30)と同様の手順でケーキを型からはずす。

［ベストレシピ］
Best Recipe
4

栗 *chestnut*

a

c

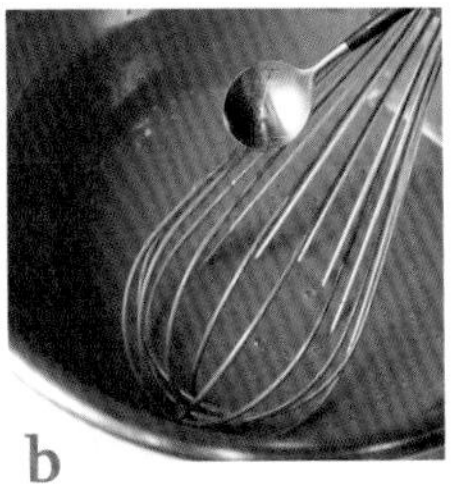
b

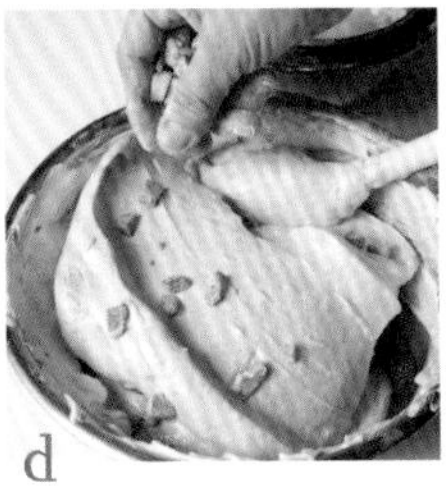
d

味のイメージは、甘く香り高いマロングラッセ。
日を追うごとに栗の風味が増し、
質感はさらにしっとりと変化します。
でも、その食感はあくまで軽やか。
栗の渋皮煮が1か所にかたまると、生地に穴があく
原因に。刻んで散らし入れるようにしてください

［バニラビーンズペースト］
マダガスカルやタヒチ産のバニラビーンズを独自の低温抽出製法でペースト状にしたもの。本格的な風味で使いやすい。

材料(各1台分)

	[17cm型]	[20cm型]
●卵黄生地		
卵黄	60g	100g
マロンペースト	135g	224g
A 牛乳	25mℓ	42mℓ
A ラム酒	20mℓ	33mℓ
A サラダ油	45g	76g
バニラビーンズペースト	少量	少量
薄力粉	55g	90g
アーモンドパウダー	10g	17g
栗の渋皮煮	5～6個	8～10個
●メレンゲ		
卵白	130g	216g
グラニュー糖	60g	100g
レモン汁	5mℓ	8mℓ

		17cm型	20cm型
焼き時間●	ガスオーブン 180℃	22～25分	35～40分
	電気オーブン 170℃	35～40分	50～55分

下準備
- ●卵黄、卵白をボウル2つにそれぞれ割り入れる。
- ●卵黄生地を作っている間、卵白は冷凍庫に入れ、縁がゼリー状になるまで冷やす。
- ●ポリ袋に薄力粉とアーモンドパウダーを入れ、空気を含ませるように振る。
- ●栗の渋皮煮はざっと洗って水気を拭き取り、小さくカットする。作り方**4**で生地に散らす直前に薄力粉（分量外）をまぶし、余分な粉は落とす。

作り方

1 卵黄生地を作る。卵黄を泡立て器で溶きほぐし、マロンペーストを加えて混ぜる。Aを順に加えて混ぜる。泡立て器で混ぜながら、湯せんに20秒ほどかける（写真**a**）。

2 **1**を湯せんからはずし、バニラビーンズペースト（写真**b**）、合わせた粉類をふるいながら加えて、ゆっくりとなじませるように混ぜる。

3 基本の「メレンゲを作る」（P12・**6**～**12**）を参照して卵白にグラニュー糖とレモン汁を加えて泡立て、しっかりしたメレンゲを作る。グラニュー糖は3回に分けて加え、レモン汁は少量ずつ回数を分けて加える。

4 「ゴムべらだけで混ぜる」（P14）と同様の手順で、卵黄生地にメレンゲを3回に分けて加え、メレンゲの泡を消さないように、ゴムべらで卵黄生地とメレンゲを混ぜる（写真**c**）。生地の肌面に栗の渋皮煮を散らしてのせ（写真**d**）、ゴムべらで大きく混ぜる。再び生地の肌面を出し、栗を散らして混ぜるを5～6回くり返す。

5 基本の「生地を型に流す」（P15・**20**～**24**）と同様の手順で**4**の生地を型に流し、予熱したオーブンに入れて焼く。

6 焼き上がったら逆さにして冷まし、基本の「型からはずす」（P16・**27**～**30**）と同様の手順でケーキを型からはずす。型出し後、好みでラム酒や栗のリキュールを刷毛で軽くたたきながら塗ると、栗の風味が一段と引き立つ。

［ベストレシピ］
Best Recipe
5

シフォンパンケーキ

ベイクドオレンジ／ベイクドブルーベリー

orange / blueberry

教室でもリピーターの多い「シフォン」＋「パンケーキ」の画期的なアレンジレシピ。このシフォンパンケーキなら、フレッシュフルーツのみずみずしさそのままに焼き上げることができます。しかも、焼きたてでも、冷めても、また冷やしてもと、どんなふうに食べてもおいしい！

ベイクドオレンジ
材料（直径15cmの丸型1台分）

•卵黄生地
- 卵黄 —— 35g
- オレンジジュース（果汁100%）45mℓ
- バター —— 30g
- バニラオイル —— 2～3滴
- 薄力粉 —— 60g

•メレンゲ
- 卵白 —— 75g
- グラニュー糖 —— 30g
- レモン汁 —— 2～3mℓ

オレンジ —— 2～3個

•デコレーション用
はちみつ、ローズマリー — 各適量

ベイクドブルーベリー
材料（直径15cmの丸型1台分）

•ベイクドオレンジの卵黄生地のオレンジジュースをプレーンヨーグルト50gに代え、レモンの皮のすりおろし適量をプラスする。メレンゲは同様の分量。

•ほかにブルーベリー180g、ブルーベリージャム10～15gと、デコレーション用にサワークリーム、ミントの葉を各適量用意する。

焼き時間●	ガスオーブン 160℃	30～35分
	電気オーブン 160℃	40～45分

下準備（共通）
•卵黄、卵白をボウル2つにそれぞれ割り入れる。
•卵黄生地を作っている間、卵白は冷凍庫に入れ、縁がゼリー状になるまで冷やす。
•ポリ袋に薄力粉を入れ空気を含ませるように振る。
•型の底にオーブンペーパーを敷いておく。

ベイクドオレンジ／作り方

1 オレンジは房から果肉を取りだし、果肉をそぎ切りにする。型にすき間なく並べる（写真**a**／上）。

2 バターを小鍋に入れて中火にかけ、透明度のあるきれいなはちみつ色になるまで溶かし、正味20g計量する。

3 卵黄生地を作る。卵黄を泡立て器で溶きほぐし、オレンジジュース、**2**の溶かしバターの順に加えて混ぜる。泡立て器で混ぜながら湯せんに20秒ほどかける（写真**b**）。湯せんからはずし、バニラオイルをふり、薄力粉をふるいながら加えて、ゆっくりとなじませるように混ぜる。

4 基本の「メレンゲを作る」（P12・**6**～**12**）を参照して卵白にグラニュー糖とレモン汁を加えて泡立て、しっかりとしたメレンゲを作る。グラニュー糖は3回に分けて加え、レモン汁は少量ずつ回数を分けて加える。

5 「ゴムべらだけで混ぜる」（P14）と同様の手順で卵黄生地にメレンゲを3回に分けて加え、メレンゲの泡を消さないようにゴムべらで卵黄生地に均一に混ぜ込む。生地につやが出て、ふんわりとしていればOK（写真**c**）。

6 **1**の型に**5**の生地を流し、ゴムべらで表面を平らにならす（写真**d**）。予熱したオーブンに入れて焼く。

7 型からはずし、好みでローズマリーを飾り、はちみつを回しかける。

ベイクドブルーベリー／作り方

1 型にブルーベリーを敷き詰め、表面にブルーベリージャムを塗る（写真**a**／下）。

2 ベイクドオレンジの作り方**2**と同様にしてバターを溶かす。

3 卵黄生地を作る。卵黄を溶きほぐし、ヨーグルト、**2**の溶かしバターの順に加えて混ぜる。泡立て器で混ぜながら湯せんに20秒ほどかける。湯せんからはずし、バニラオイルをふり、薄力粉をふるいながら加え、ゆっくりとなじませるように混ぜる。レモンの皮のすりおろしを加え、さっくりと混ぜる。

4 ベイクドオレンジの作り方**4**～**6**まで同様の手順で作り、型からはずす。カットしてサワークリームをのせ、ミントを飾る。

かぼちゃとチーズ

pumpkin & cheese

相性抜群のかぼちゃとクリームチーズのコンビは
根強い人気があります。口どけのよい食感はそのままに
かぼちゃのやさしい甘みがふわっと広がる、
ビタミンカラーの黄色がきれいなシフォンケーキです。
チーズや生クリームを加えた重い生地なので
ゴムべらでメレンゲとゆっくりと混ぜましょう

材料(各1台分)

	［17cm型］	［20cm型］
●卵黄生地		
卵黄	50g	85g
かぼちゃ（種とわたを除いて）	100g	165g
クリームチーズ	80g	133g
生クリーム	35mℓ	58mℓ
バニラビーンズ	⅓本	½本
サラダ油	32g	53g
薄力粉	58g	96g
●メレンゲ		
卵白	120g	200g
グラニュー糖	60g	100g
レモン汁	5mℓ	8mℓ

		17cm型	20cm型
焼き時間●	ガスオーブン 180℃	22～25分	35～40分
	電気オーブン 170℃	35～40分	50～55分

下準備

- 卵黄、卵白をボウル2つにそれぞれ割り入れる。
- 卵黄生地を作っている間、卵白は冷凍庫に入れ、縁がゼリー状になるまで冷やす。
- ポリ袋に薄力粉を入れ、空気を含ませるように振る。
- バニラビーンズは種子をしごき出す。

作り方

1　かぼちゃは3cm角に切って、竹ぐしがすっと通るまで蒸す。または水気を残したまま耐熱皿に並べてラップをかけ、電子レンジで2分30秒加熱する。皮をむいて正味80g（20cm型の場合は130g）を計量し、マッシャーでつぶす。クリームチーズも電子レンジで1分30秒加熱する。2つを合わせてボウルに入れる。

2　耐熱容器に生クリームとバニラの種子を入れて電子レンジで30秒加熱する。**1**に加えて（写真**a**）泡立て器でよく混ぜる。

3　卵黄生地を作る。卵黄を泡立て器で溶きほぐし、**2**、サラダ油の順に加えて混ぜる。泡立て器で混ぜながら湯せんに20秒ほどかける（写真**b**）。薄力粉をふるいながら加えて、ゆっくりとなじませるように混ぜる。

4　基本の「メレンゲを作る」（P12・**6**～**12**）を参照して卵白にグラニュー糖とレモン汁を加えて泡立て、しっかりとしたメレンゲを作る。グラニュー糖は3回に分けて加え、レモン汁は少量ずつ回数を分けて加える。

5　「ゴムべらだけで混ぜる」（P14）と同様の手順で、卵黄生地にメレンゲを3回に分けて加え、メレンゲの泡を消さないように、ゴムべらで卵黄生地とメレンゲを混ぜる（写真**c**）。

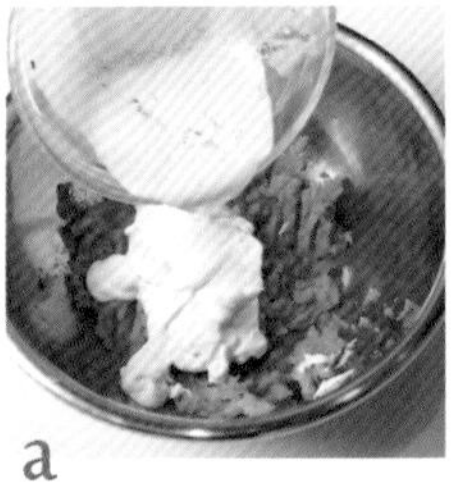
a

c

b

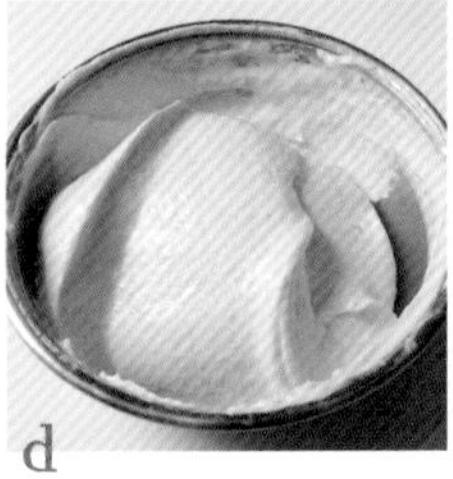
d

生地につやが出て、ふんわりとしていればOK（写真**d**）。

6　基本の「生地を型に流す」（P15・**20**～**24**）と同様の手順で**5**の生地を型に流し、予熱したオーブンに入れて焼く。

7　焼き上がったら逆さにして冷まし、基本の「型からはずす」（P16・**27**～**30**）と同様の手順でケーキを型からはずす。

［ベストレシピ］
Best Recipe
7

桜と粒あん

cherry blossoms & anko

型の底に敷いた桜の花の塩漬けがアクセント。
程よい塩気の桜生地に、上品な甘さの粒あん生地、
口の中で2つの生地がミックスされて
まるで上質な和菓子を食べているような味わいです

材料(各1台分)

	[17cm型]	[20cm型]
●粒あん卵黄生地		
卵黄	30g	50g
粒あん	75g	125g
水	10mℓ	17mℓ
サラダ油	22g	37g
薄力粉	28g	46g
●桜卵黄生地		
卵黄	30g	50g
水	35mℓ	58mℓ
サラダ油	22g	37g
A 薄力粉	37g	61g
A 紅麹パウダー	3g	5g
A 桜葉パウダー*	2g	3g
桜の花の塩漬け	3～4枚	5～6枚
●メレンゲ		
卵白	120g	200g
グラニュー糖	65g	108g
レモン汁	5mℓ	8mℓ
桜の花の塩漬け	8～10枚	10～12枚

＊塩漬けした桜の葉を粉末にしたもの。

		17cm型	20cm型
焼き時間●	ガスオーブン 180℃	22～25分	35～40分
	電気オーブン 170℃	35～40分	50～55分

下準備

●粒あん生地用の卵黄、桜生地用の卵黄、卵白をボウル3つにそれぞれ割り入れる。
●卵黄生地を作っている間、卵白は冷凍庫に入れ、縁がゼリー状になるまで冷やす。
●ポリ袋に粒あん卵黄生地用の薄力粉を入れ、空気を含ませるように振る。もう1枚のポリ袋に桜卵黄生地用のAの粉類を入れ、空気を含ませるように振る。

a

b

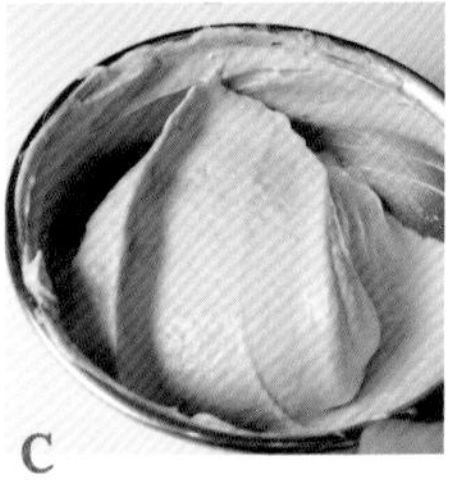
c

d

作り方

1 桜の花の塩漬けを30分ほど水にさらし、ペーパータオルで水気をふく。桜卵黄生地用の3～4枚はみじん切りにし、8～10枚は型の底に貼りつける。

2 粒あん卵黄生地を作る。卵黄を泡立て器で溶きほぐし、粒あん、水の順に加えて混ぜる。泡立て器で混ぜながら、湯せんに20秒ほどかけて粒あんをなめらかにする。湯せんからはずし、サラダ油、薄力粉の順にふるいながら加えて、ゆっくりとなじませるように混ぜる(写真**a**／下)。

3 桜卵黄生地を作る。卵黄を泡立て器で溶きほぐし、水とサラダ油を加えて混ぜる。泡立て器で混ぜながら、さっと温める程度に湯せんにかける。湯せんからはずし、合わせたAの粉類をふるいながら加えて、ゆっくりとなじませるように混ぜる。**1**の桜の花のみじん切りを加えてさっくりと混ぜる(写真**a**／上)。

4 基本の「メレンゲを作る」(P12･**6**～**12**)を参照して卵白にグラニュー糖とレモン汁を加えて泡立て、しっかりとしたメレンゲを作る。

5 メレンゲを半量ずつに分け、「ゴムべらだけで混ぜる」(P14)と同様の手順で、**2**と**3**の卵黄生地にそれぞれ3回に分けて加える。メレンゲの泡を消さないように、ゴムべらでゆっくりと卵黄生地に均一に混ぜ込む。生地につやが出て、ふんわりとしていればOK(写真**b**､**c**)。

6 型に桜卵黄生地(写真**d**)、粒あん卵黄生地の順に1/3量ずつ交互に生地を入れる。生地はカードで入れ、そのつどゴムべらで下の生地を動かさないようにしながら型の側面に向かって広げ、きれいな6層になるようにする。ゴムべらで生地を型の縁につけるようにならし、予熱したオーブンに入れて焼く。

7 焼き上がったら逆さにして冷まし、基本の「型からはずす」(P16･**27**～**30**)と同様の手順でケーキを型からはずす。

［紅麹パウダー］
米麹から作られた天然色素のパウダー。桜もちなど和菓子に使うと、日本的な薄紅色に。好みの量を調節して使用する。

［ベストレシピ］
Best Recipe
8

生チョコ
chocolate

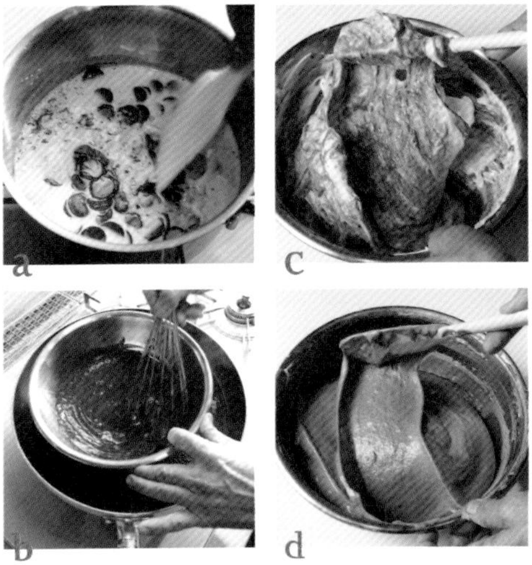

ビターなクーベルチュールチョコを
たっぷりと配合した、濃厚な味わい。
口の中でスーッと溶けていくその食感は、
まさに生チョコを食べているかのよう。
チョコレートを湯せんにかけて生地の温度を上げると
メレンゲと合わせるときの失敗が防げます

材料(各1台分)

	[17cm型]	[20cm型]
●卵黄生地		
卵黄	60g	100g
クーベルチュールチョコレート*1	88g	146g
牛乳	55mℓ	90mℓ
水	18mℓ	30mℓ
サラダ油	31g	51g
薄力粉	50g	83g
カカオパウダー*2	6g	10g
●メレンゲ		
卵白	132g	220g
グラニュー糖	50g	83g
レモン汁	5mℓ	8mℓ

*1 カカオバリー社のピストールエキストラビター（カカオ分64%）を使用。
*2 P27参照

		17cm型	20cm型
焼き時間●	ガスオーブン 180℃	22～25分	35～40分
	電気オーブン 170℃	35～40分	50～55分

下準備
- 卵黄、卵白をボウル2つにそれぞれ割り入れる。
- 卵黄生地を作っている間、卵白は冷凍庫に入れ、縁がゼリー状になるまで冷やす。
- ポリ袋に薄力粉とカカオパウダーを入れ、空気を含ませるように振る。

作り方

1 小鍋に牛乳と水を入れ、軽く温める。ここにチョコレートを加えて混ぜ（写真**a**）、溶かす。

2 卵黄生地を作る。卵黄を泡立て器で溶きほぐし、**1**、サラダ油の順に加えて混ぜる。泡立て器で混ぜながら（写真**b**）、湯せんに20秒ほどかける。合わせた粉類をふるいながら加えて、ゆっくりとなじませるように混ぜる。

3 基本の「メレンゲを作る」（P12・**6**～**12**）を参照して卵白にグラニュー糖とレモン汁を加えて泡立て、しっかりとしたメレンゲを作る。グラニュー糖は3回に分けて加え、レモン汁は少量ずつ回数を分けて加える。

4 「ゴムべらだけで混ぜる」（P14）と同様の手順で、卵黄生地にメレンゲを3回に分けて加え、メレンゲの泡を消さないように、ゴムべらで卵黄生地とメレンゲを混ぜる（写真**c**）。生地につやが出て、ふんわりとしていればOK（写真**d**）。

5 基本の「生地を型に流す」（P15・**20**～**24**）と同様の手順で**4**の生地を型に流し、予熱したオーブンに入れて焼く。

6 焼き上がったら逆さにして冷まし、基本の「型からはずす」（P16・**27**～**30**）と同様の手順でケーキを型からはずす。

シュトーレン風
dried fruits & cinnamon

クリスマスの定番焼き菓子
「シュトーレン」の風味をシフォンで再現しました。
たっぷりのドライフルーツとシナモン、
仕上げの溶かしバターが決めてです。
油分の多いカッテージチーズに負けないように、
メレンゲはしっかり立てましょう

材料(各1台分)　［17cm型］　［20cm型］

●卵黄生地
- 卵黄 ―― 60g …… 100g
- ドライフルーツ* ―― 80g（正味）…… 133g（正味）
- カッテージチーズ(裏ごしタイプ) ―― 100g …… 166g
- 牛乳 ―― 40mℓ …… 66mℓ
- サラダ油 ―― 36g …… 60g
- 薄力粉 ―― 75g …… 125g
- シナモンパウダー ―― 5g …… 8g

●メレンゲ
- 卵白 ―― 140g …… 232g
- グラニュー糖 ―― 65g …… 108g
- レモン汁 ―― 5mℓ …… 8mℓ

仕上げ用バター ―― 30g …… 50g
仕上げ用粉砂糖 ―― 適量 …… 適量

* レーズンやオレンジピール、クランベリーなど
好みのドライフルーツを合わせて使用。

		17cm型	20cm型
焼き時間●	ガスオーブン 180℃	22〜25分	35〜40分
	電気オーブン 170℃	35〜40分	50〜55分

下準備
- 卵黄、卵白をボウル2つにそれぞれ割り入れる。
- 卵黄生地を作っている間、卵白は冷凍庫に入れ、縁がゼリー状になるまで冷やす。
- ポリ袋に薄力粉とシナモンパウダーを入れ、空気を含ませるように振る。
- ドライフルーツの表面に砂糖がついているものは洗って落とし、水気を拭く。粒が大きいものは刻み、薄力粉（分量外）をまぶす。

a

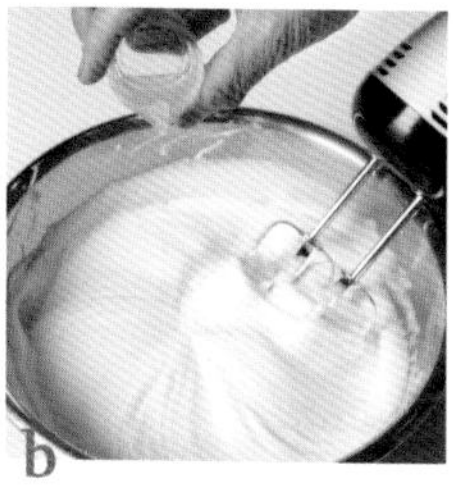
b

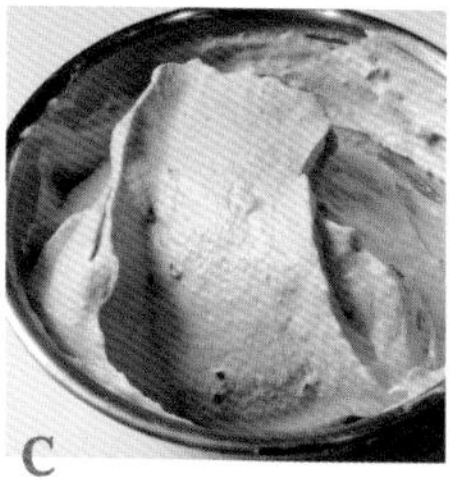
c

d

作り方

1　耐熱容器にカッテージチーズと牛乳を入れ、電子レンジで1分30秒加熱する。

2　卵黄生地を作る。卵黄を泡立て器で溶きほぐし、**1**、サラダ油の順に加えて混ぜる。泡立て器で混ぜながら湯せんに20秒ほどかける。合わせた粉類をふるいながら加えて（写真**a**）、ゆっくりとなじませるように混ぜる。

3　基本の「メレンゲを作る」（P12・**6**〜**12**）を参照して卵白にグラニュー糖とレモン汁を加えて泡立て、しっかりしたメレンゲを作る。グラニュー糖は3回に分けて加え、レモン汁は少量ずつ回数を分けて（写真**b**）加える。

4　「ゴムべらだけで混ぜる」（P14）と同様の手順で、卵黄生地にメレンゲを3回に分けて加え、メレンゲの泡を消さないように、ゴムべらで卵黄生地とメレンゲを混ぜる。生地につやが出て、ふんわりとしていればOK（写真**c**）。

5　生地の肌面にドライフルーツを散らすようにのせ（写真**d**）、ゴムべらで大きく混ぜる。再び生地の肌面を出し、ドライフルーツを散らして混ぜるを5〜6回くり返す。

6　基本の「生地を型に流す」（P15・**20**〜**24**）と同様の手順で**5**の生地を型に流し、予熱したオーブンに入れて焼く。

7　焼き上がったら逆さにして冷ます。型の側面が手で触れるぐらいの温度になったら、いったん生地面を上にして置く。バターを溶かし、生地面に刷毛で塗り、たたくようにして浸透させる。再び逆さにして完全に冷ます。

8　基本の「型からはずす」（P16・**27**〜**30**）と同様の手順でケーキを型からはずす。食べるときにカットしたケーキをラップなどで半分おおい、粉砂糖を茶こしでふる。

「なぜ？」「困った」を解決 シフォンケーキ Q&A

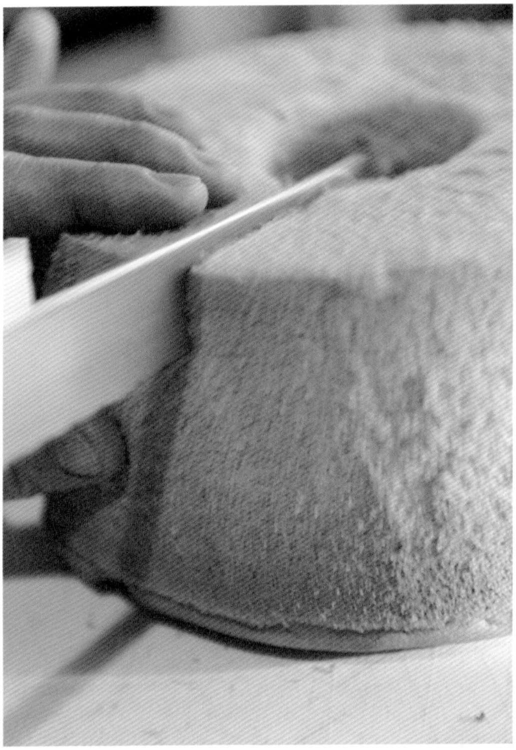

お菓子教室で問い合わせの多い
疑問や失敗例などにお答えします。

NG! マークのついた失敗写真は教室受講者の皆さんが撮影したものを掲載しています。

Q1 使用するオーブンのタイプ別の注意点はありますか？

A 家庭用のオーブンはガスと電気があります。一般的にガスオーブンは電気に比べて火力が強く、電気オーブンは下からゆっくりと熱が上がっていくので、電気オーブンの場合はガスより低めの温度設定で時間をかけて焼きます。ターンテーブル式以外のオーブンは焼きはじめて半分ほどの時間が経過したら、手前と奥を入れ替えて、焼きむらを防止してください。この本ではガスオーブン、電気オーブンともに温度、焼き時間を表示してあります。ガスオーブンは、庫内が狭く、焼き上がりが早い卓上型と庫内の広いビルトイン型があり、ビルトイン型の場合は、表示の焼き時間にプラス5分を目安にしてください。

Q2 卵黄生地とメレンゲを合わせるときに、生地がゆるんでしまうのですが？

A 生地がゆるんでしまうとさまざまな失敗の原因に。卵黄生地とメレンゲを合わせるときにメレンゲの泡を消さずに、卵黄生地とメレンゲを均一に混ぜ込むことが重要です。そのためにはまずメレンゲをしっかり立てること。シフォン作り成功の秘訣はメレンゲの立て方にかかっていると言っても過言ではありません。詳しくは48ページからの「メレンゲ特別講座」で紹介しますが、かさ（空気量）×密度（しまり具合）×かたさのバランスが取れたものがベストです。密度が低く、ゆるんだメレンゲでは生地がだれてしまいます。

また、油分の多いチョコレートや、牛乳、ヨーグルト、チーズ、生クリームなどの乳製品を加えた生地や砂糖を控えたメレンゲの場合、メレンゲの泡が消えやすく、てきめんに生地がゆるんできます。これらの素材を加えた卵黄生地は、軽く湯せんにかけるのがコツです。湯せんで生地温度を上げると、メレンゲと合わせたときにゆるみにくくなります。

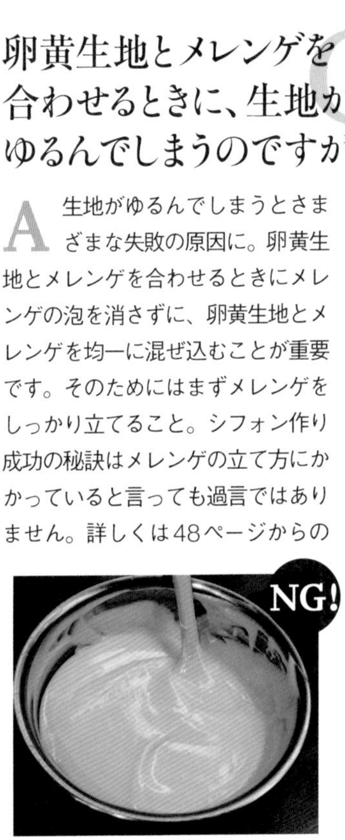

Q3 卵黄生地とメレンゲを混ぜ合わせた最終生地の見極めポイントは?

A メレンゲに卵黄生地を混ぜ込んだ最終生地の見極めポイントは、「つやがあること」「ゆるんでいないこと」「返した生地の肌面にメレンゲの塊がないこと」「空気穴があいていないこと」です。

また、ボウルの中の生地量が多すぎないかもチェックしてください。できあがった最終生地は、全量を型に流すのが基本です。基本のバニラシフォン(卵白120g)の場合、型に流し入れたときに、八分目になるのが目安。そのほかの卵白140g使用のシフォンの場合は、型の九分目が目安となります。このできあがり量になるまで、一定のリズムと力加減でゴムべらで混ぜていくこと。

型に流す生地量が少ないと焼き上がりの立ち上がりが低く、きめが詰まり、かための食感に。味わいも全体的に凝縮され、甘さが際立ちます。一方、生地量が多いときは型からあふれるように大きくふくらみ、やわらかすぎてコシのない仕上がりに。全体的にぼやけた味わいで、ぺしゃんとつぶれたような食感になります。

上記のような最終生地の状態と生地量になれば、シフォンはほぼ成功間違いなし!です。

Q4 焼き上がりが、イメージしているふっくらと立ち上がりのある形になりません。

A イメージしているのは、見た目にもおいしそうな上の写真のように、形よくふくらんだシフォンですね。焼き上がって冷ましたときに型から3cmほどふっくらと立ち上がり、割れ目にもほどよい焼き色がついていること。また、焼き縮みがないのがベストな形です。焼き上がりの形の失敗には、次の3タイプの形状があります。

■あふれた生地が爆発気味にふくらむ

かさ(空気量)が多く、密度のない、かたいメレンゲを立て、卵黄生地との混ぜ込みがあまかったために起こる現象です。型からはずすと底上げ(詳しくはP44のQ5)、焼き縮みが見られることが多いです。

■冷めるとふくらみが下がる

かさ(空気量)が多く、密度のない、ゆるいメレンゲを立て、卵黄生地との混ぜ込みがあまいと、一度は型からあふれるように大きくふくらみますが、すぐにふくらみが下がる形に。型からはずすと底上げ、焼き縮み、コシがない、大きな穴があいている、などの失敗が見られます。

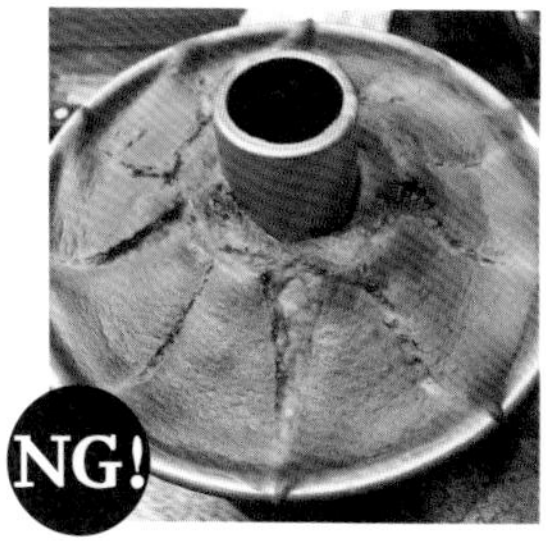

■ふくらみのない山形の立ち上がり

かさ(空気量)が少なく、密度が高い、かたいメレンゲを立てて、卵黄生地にしっかり混ぜ込むと、オーブンの中ではふっくらと立ち上がりますが、冷めたときにふくらみがしぼみ、山形の形状に。立ち上がりが悪く、きめが詰まった、ふんわり感に欠ける食感のシフォンになります。

Q5

底の筒周りに ドーナツ状のくぼみが できてしまいました。

A ドーナツ状のくぼみができたり、筒周りの一部が湾曲してくぼむこと、この状態を「底上げ」といいます。卵黄生地とメレンゲを混ぜ込むときに、力強く、不規則に混ぜてしまうと生地の状態が均一にならず、ムラのある生地が混在してしまいます。その油分が分離した状態の生地が焼成中に下に沈むため、底上げが起こります。

　ポイントはバランスの取れたムラのないメレンゲを立てて、卵黄生地とメレンゲを均一に混ぜること。かさ（空気量）にかかわらず、密度の低い、ゆるいメレンゲを混ぜたときは、たとえ卵黄生地とメレンゲを均一に混ぜても、底上げが起こる確率が高くなります。

Q6

ケーキの上の部分に 目が詰まった状態の 焼き縮みができます。 なぜですか？

A かさ（空気量）が多く、密度のない、ゆるいメレンゲを立てて混ぜ込みがあまいと、焼いたときに型からあふれるように大きくふくらみます。そのふくらんだ部分がオーブンから出したときに極端に縮み、縮んだ部分のきめの状態が目詰まりを起こします。これを焼き縮みといいます。

　また、卵黄生地にメレンゲを混ぜ込むとき、生地がゆるむことを恐れて中途半端に混ぜるのをやめたときや、不規則な力加減と混ぜ方で生地をゆるませたときに、生地にムラができます。こうして、一つのボウルの中で生地に濃度の違いが生まれると焼き縮みは起こります。混ぜ込みの途中で生地がゆるんでしまった場合でも、そこで混ぜるのをやめずに、均一な状態になるまで混ぜ続けること。均一に混ざった生地であれば、ある程度生地がゆるんでも焼き縮みは起こりません。一定の力加減とリズムで混ぜるのがコツです。

Q7

型の筒の周りの 生地が離れて、空洞に なっているのですが？

A ケーキを型からはずすと、筒の周りに張りついているはずの生地が一部分離れていたり、ドーナツ状に1周離れて空洞になっている現象です。特に大きな失敗ではありませんが、卵黄生地にメレンゲを混ぜ込むときに、混ぜ終わりのタイミングが早すぎると起こりやすくなります。つまり混ぜ込みのあまさが原因。筒の周りに空洞が出現した場合は、卵黄生地とメレンゲがある程度均一に混ざってはいるけれど、あともう少し混ぜ込んだほうがよかったと考えましょう。

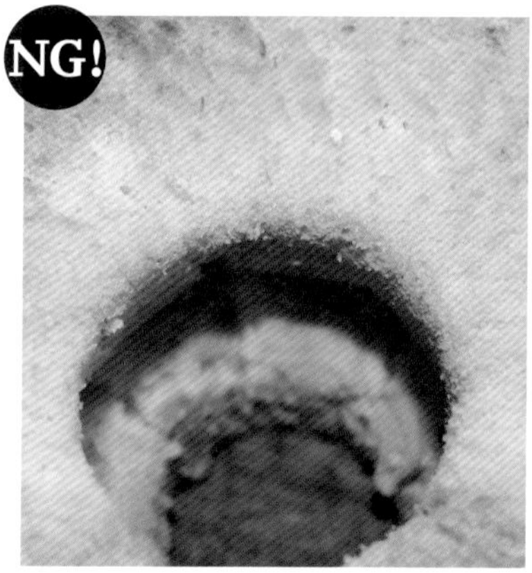

Q8 型からはずしたときに側面がくびれてしまったのですが？

A よくある質問です。型からはずしてすぐに側面にくびれができてしまうときは、生地作りの混ぜ込みがあまいと思ってください。混ぜ込みが足りないと全体的にふんわりとしすぎて、生地量が多くなりやすく、やわらかいだけのコシのないシフォンになってしまいます。ボウルの中の最終生地量が多いときは、この混ぜが足りない場合と空気をたくさん抱き込んでしまった場合が考えられます。卵黄生地とメレンゲを混ぜるときは、一定の力加減と速度を保って、空気を抱き込まないように混ぜるとよいでしょう。均一に混ざっていれば、全体の生地量がちょうどよくなるはずです。

また、焼き上がったシフォンを型からはずすタイミングが早すぎても、同様のくびれ現象が起きます。オーブンの中でぶわ～んとふくらみがよすぎるときも、要注意！　混ぜ込みが足りなかったと思ってください。

Q9 内側に大きな穴があいて、空洞ができてしまいました。

A 卵＋粉＋水分＋油分＋メレンゲ。シフォンの基本配合にチョコレートやチーズなど重量のあるフィリングを加えた場合や、フルーツのペーストやピューレなどを調整して水分を作っているレシピに多い失敗です。卵黄生地とメレンゲを合わせるときに混ぜムラがあると、一つのボウルの中に濃度の違う生地が混在してしまいます。濃度が異なるとふくらみ方が違うので、焼いたときに重い箇所はふくらみが悪く沈み込みます。一か所でもそういう箇所があると、重量があるところが軽い生地から離れて亀裂ができ、大きい空洞になってしまいます。卵黄生地にバランスのとれたメレンゲを均一に混ぜること、決してゆるませないことがコツです。

Q10 ケーキをカットしたら生地の中に大きな穴ができていました。

A カットしたときに見られるシフォンの穴には、大きく3つのタイプがあります。1つは卵黄生地とメレンゲを混ぜ合わせるときに空気を抱き込んでいたり、型に生地を流し入れるときに空気が入ってしまってできる「空気穴」です。空気穴は食感には影響しないので、カット断面に1～2個ある程度なら大丈夫。型入れのときに、箸での空気抜きも欠かさずにやってください。

2つめは穴の周りに白い膜が張って、ジュクジュクしている「メレンゲの穴」です（写真**a**）。卵黄生地とメレンゲを混ぜ合わせるときに、メレンゲのかたまりが残っていると穴があく原因になります。混ぜるときにゴムべらは持ち上げないこと。そしてメレンゲの白いかたまりを残さないように混ぜましょう。

3つめは不規則な形の大小さまざまな穴。生地の濃度のバランスがくずれたことによる「いじりすぎた穴」（写真**b**）です。かさ（空気量）にかかわらず、密度のない、ゆるいメレンゲを立てて卵黄生地に混ぜ込んだときに、必要以上に生地をいじりすぎたことが原因です。

Q11

逆さにして冷まそうとしたら、型から生地がストンと落ちてしまいました。

A 焼き時間が足りなかったり、水分が多い、重い生地の場合に起こる現象です。特にバナナシフォンなど、フルーツのピューレ状のものを加えたときに起こりやすいのですが、レシピどおりの分量でしっかり計量すれば問題ありません。

また、Q9のように大きな穴や空洞ができている場合も、瓶に立てて冷ましているときに生地が落下する確率が高くなります。

Q12

型から出したらしぼんでしまったのですが？

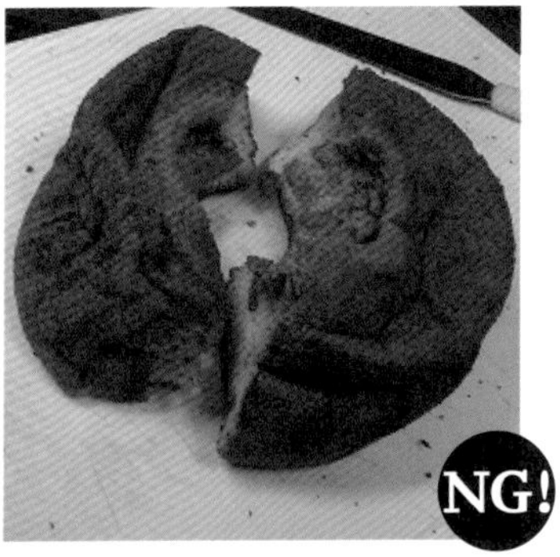

A ケーキが完全に冷めてから型からはずしましたか？　シフォンケーキは水分量が多いケーキなので、すぐに逆さにしなかったり、しっかり冷まさずにはずすと、ぺしゃんとしぼんでしまいます。また、冷めたら型ごとラップでおおい、におい移りを防ぐためにポリ袋に入れて逆さの状態で冷蔵庫に。一晩おいて、ケーキが落ち着いた翌日に型からはずすのがおすすめです。

Q13

型からはずすときにケーキの側面にナイフを刺してしまいがちです。

A 型からあふれてふくらんでいるときは、どうしてもそのふくらんだ部分をかばうようにパレットナイフを入れてしまうので、斜め内側に向かって刺してしまいがちです。ふくらんでいる側面の生地を筒側に軽く引っぱって、縁との間が見えるようにしながら、一刺しずつパレットナイフを入れていくこと。そうすれば、大丈夫です。鈍い音がしたら、側面の生地に刺さっていることが多いので気をつけてください。こればかりは、練習あるのみ。

使うパレットナイフは、かたいタイプを選んでください。しなるタイプのナイフを持っている場合は、初めからしならせた状態で型はずしをすると、生地の側面に刺さりにくくなります。

Q14 シフォンケーキをつぶさずにきれいにカットするには？

A ナイフをガスの火にかざして温めてからカットしましょう。生地を押しつぶさないようにして、ナイフを前後にゆっくり動かしてください。波刃のパン切り用ナイフがおすすめです。またクリームをデコレーションしたシフォンは、温めたナイフを1回ごとに濡れぶきんで拭きながらカットしましょう。

Q15 ケーキをはずしたあとの型のお手入れ法は？

A 型からケーキをはずしたあと、生地が筒や型の底、側面にこびりついています。まずは型についた生地をカードでくるりとこそげ落としてください。アルミ製の型なら、あとは洗剤をつけたスチールたわしでやさしく洗えば、OK。よくすすいだら、しっかり水気を拭いて乾燥させて収納しましょう。

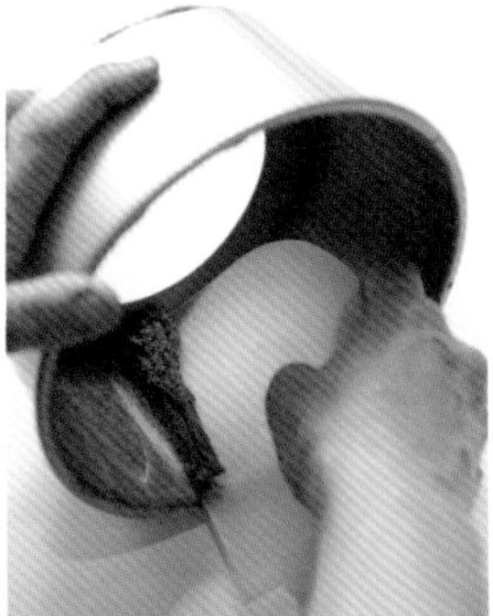

Q16 シフォンケーキの食べごろと上手な保存法は？

A この本で紹介しているシフォンケーキの消費期限は焼いた日を含めて5日間で、冷蔵保存が基本です。焼きたてはまだ生地が安定せず、味もなじんでいないので、焼いた日から3〜4日目がいちばんおいしい食べごろと、皆さんにお話ししています。ただし、冷たいままではおいしくないので、しばらく室温に戻してから召し上がってください。

シフォンケーキは冷凍保存もできます。カットしてラップで包み、におい移りを防ぐために冷凍用の保存袋で密封してから冷凍庫へ。2週間以内をめどに、早めに食べましょう。

Q17 残ったシフォンケーキのリメイク法は？

A シフォンケーキが残ってしまったら、オーブンで乾燥焼きにしてラスクに変身させましょう。サクサクとした食感は新しいおいしさです。

シフォンケーキを約1cm厚さに切り、両面にグラニュー糖をまぶして、オーブンシートを敷いた天板に並べます。160℃に温めたオーブンで10〜20分焼いてください。外側はカリッ、中はふんわりが好みなら短め、ラスク風にカリッと仕上げるなら長めにと、焼き時間を加減してください。

Meringue Lesson

メレンゲ特別講座

教室で開講しているメレンゲ特訓クラスを
誌上で再現しました。

メレンゲを制する者はシフォンを制す

メレンゲのよしあしを判断する基準は、「かたさ」だけではありません。「空気量（かさ）」と「密度（しまり具合）」にも注意してメレンゲをたてる必要があります。そのためには、ハンドミキサーの羽根の動かし方が重要です。

▼かたさは羽根の回転数と動かす時間で決まります。

▼空気量は羽根を大きく動かすことで含ませることができます。

▼密度は羽根を小刻みに動かすことで高くすることができます。

メレンゲの完成時に、ボウルの底にハンドミキサーの羽根を軽く押しつけて動かしてみて、押し返すような弾力が感じられれば、成功です。さらに、よくできたメレンゲには、まるで真珠のような光沢の抑えられたツヤが出ます。そして卵黄生地と混ぜ合わせるときに、途切れたメレンゲの塊があちらこちらに混在することなく、スムーズに混ぜ込むことができます。

表示通りの時間で、それぞれの動かし方に基づいて羽根を動かしていくことで、「かたさ」、「空気量」、「密度」、三位一体のバランスが取れたメレンゲを作ることができます。

●メレンゲの立て方の手順と時間の目安

下の表とストップウォッチを傍らに置いて、
実際に時間を測りながらのびのあるしっかりとした
メレンゲを立てるための練習をくり返してみてください。

1	低速	卵白をゆっくりとほぐす	45秒〜1分
2	高速	小刻みに小さな円を描くように動かす	30秒
3	高速	小刻みに小さな円を描くように逆戻し	15秒
4	高速	大きく動かし、軽く全体のきめを整える	10秒
5	高速	1回目の砂糖を加える。全体に砂糖を広げる	
6	高速	大きく、速く動かす	10秒
7	高速	2回目の砂糖を加える。全体に砂糖を広げる	
8	高速	大きく、早く&小刻みに小さな円を描くように動かす	15〜20秒
9	高速	3回目の砂糖を加える。全体に砂糖を広げる	
10	高速	大きく、速く動かす	5〜10秒
11	低速	小刻みに円を描くようにゆっくりとていねいに	30秒
12	低速	細かく、軽く、速く	10秒
13	低速	振り子のように素早く位置を変えて	5秒×3
14	低速	きめを整える	

メレンゲの「空気量と密度とかたさ」の関係

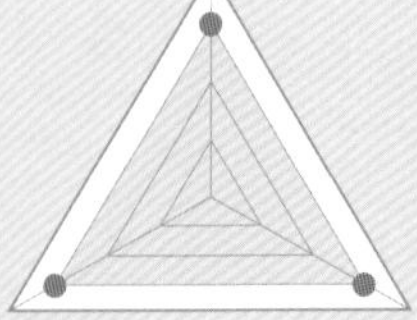

空気量（かさ）

●入れ込む空気量が多すぎると、全体のかさが多くなる。
●入れ込む空気量が少ないと、全体のかさは少なくなる。

密度（しまり具合）とかたさ

●メレンゲに密度があれば、かたく立てすぎたとしても離水しない。
●メレンゲに密度があれば、ゆるすぎたとしても卵黄生地に混ぜたときに生地のゆるみは起こらない。
●メレンゲに密度がなければ、少しでも立てすぎた場合、卵黄生地に混ぜたときに塊が混在する。
●メレンゲに密度がなく、ゆるすぎた場合、卵黄生地に混ぜたときに生地がだらりとゆるんでくる。

空気量と密度

●メレンゲに密度はあるけれど、入れ込む空気量が少ない場合は、かさは少なく、ねっとりと重くなる。卵黄生地に混ぜ込むとき、生地に入りやすいが、最終生地の全体量が少ない。よって型に入る生地量が少なくなるので、できあがったシフォンは高さのない、甘さが凝縮されたかためゆの焼き上がりになる。
●メレンゲに密度はあるけれど、入れ込む空気量が多すぎた場合は、かさが増し、質感が軽くなりすぎる。卵黄生地に混ぜ込むときに、なかなか入らず、何十回混ぜても最終生地の全体量が減らない。よって型に入る生地量は多めになる。できあがったシフォンは高さはあるが、味のぼやけたコシのない仕上がりになる。

ハンドミキサーの構え方

ボウルの前にまっすぐに立って、片手でボウルの縁をしっかり固定し、ハンドミキサーをいつでもボウルに対して垂直になるように持つのが基本。ハンドミキサーの羽根は、根元より先が細くなったものではなく、右の写真のようなまっすぐな形のタイプが泡立てやすい。

卵白に塩をひとつまみ

メレンゲは卵白140gにグラニュー糖65gの割合が基本。卵白をスムーズに泡立てるには、塩ひとつまみ、またはレモン汁小さじ１を加えてみて。塩は最初から、レモン汁は少量ずつ回数を分けて加えます。

1 卵白をゆっくりとほぐす

低速 45秒~1分

ハンドミキサーの羽根は、ボウルの中心にまっすぐに立てて入れる。そのとき、羽根の先端は底につけること。手の力は抜く。

羽根は動かさず、そのまま。中心から外側に向かって、ボウル全体に細かい白い気泡が広がるまで、45秒～１分かけてゆっくりとあわてずに待つ。

2 小刻みに小さな円を描くように動かす

高速 30秒

羽根を小刻みに小さな円を描くように動かしながら、左手で手前方向にボウルを1cm位ずつ回しながら泡立てる。このとき、描く円の大きさは羽根の大きさぐらいで、大きな円は描かない。あくまで、小さく、小刻みに。１～２周程度。

3 小刻みに小さな円を描くように逆戻し

高速 15秒

ボウルの側面にきちんと羽根を当てながら動かしていかないと、水分を多分に含んだ卵白はボウルの側面や底にたまりやすい。羽根を動かす方向を逆にし、小刻みに小さな円を描くようにすると、羽根をボウルの側面に当てやすい。1周する。

4 大きく動かし、軽く全体のきめを整える

高速 10秒

ボウルの中心から外側に向かって渦巻き状に羽根を動かし、空気を入れるように泡立てる。

5 1回目の砂糖を加える。全体に砂糖を広げる

まずは1/3量のグラニュー糖を加える。加えたグラニュー糖が少しずつ周りの卵白になじむようにハンドミキサーの羽根を動かしていく。

高速

6 大きく、速く動かす

全体にグラニュー糖を広げたら、羽根の動きは、大きく、速く。ボウルの中心から外側に向かって渦巻き状に空気を含ませながら泡立てる。

7 2回目の砂糖を加える。全体に砂糖を広げる

全体が均一になったら、2回目のグラニュー糖を加えるタイミング。1回目と同様に1/3量のグラニュー糖を加え、全体に広げる。

8 大きく、速く&小刻みに小さな円を描くように動かす

大きく、速く。ボウルの中心から外側に向かって渦巻き状に動かして、空気を含ませながら泡立てる。次に、小刻みに小さい円を描きながら羽根をボウルの側面に当てていくを、交互にくり返す。

9 3回目の砂糖を加える。全体に砂糖を広げる

高速

全体が均一になったら、3回目のグラニュー糖を加えるタイミング。1～2回目と同様に1/3量のグラニュー糖を加え、全体に広げる。

10 大きく、速く動かす

高速 5~10秒

羽根の動きは、大きく、速く。ボウルの中心から外側に向かって渦巻き状に動かして、空気を含ませながら泡立てる。

11 小刻みに円を描くようにゆっくりとていねいに

低速 30秒

この時点ではまだ粗いメレンゲ。羽根をボウルの底にしっかりとつけ、低速にかえる。1cmほどの間隔でボウルをゆっくりと手前に回しながら、小さな円を描くようにしながら羽根をボウルの側面に軽く打ちつけていく。ゆっくりと羽根を動かし、メレンゲ全体のきめを整える。

12 細かく、軽く、速く

低速 10秒

ボウルの側面に羽根を軽く打ちつけるように動かす。メレンゲの密度（しまり具合）を高くしていく。

13 振り子のように素早く位置をかえて

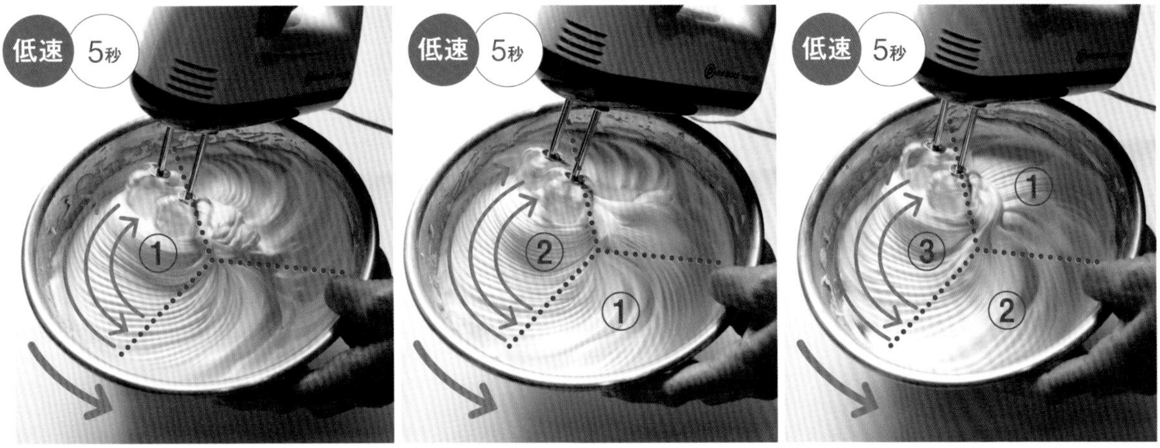

ボウルを持ち上げ、3回振り子のように羽根を動かし、位置をかえて1周する。

14 きめを整える

最後はゆっくりと力を抜いて羽根を全体にランダムに動かしながら、メレンゲ全体のきめを整え、のびを出す。

メレンゲ完成

「ほら、つやつやで、
弾力とのびのあるメレンゲが完成！
羽根を持ち上げるとしっかりした
角が立ち、ボウルを逆さまにしても
落ちないかたさが目安」

part3 Variation

standard, fruits & vegetable, Japanese taste, spice...

いろいろな味の
シフォンバリエーション

基本をマスターすれば、
フィリングや香りの素材をプラスして
アレンジできるのがシフォンの魅力です。

定番の味からフルーツ、
和風素材やスパイス使いのものまで、
さまざまなテイストのシフォンを紹介します。

ティータイムにぴったりな
お気に入りのシフォンからお試しください。

［定番シフォン］
standard

オレンジ
orange

しなるような
ふわふわの食感と、さわやかな
オレンジの香り。オレンジと
相性のいいホワイトチョコレートで
デコレーションしても

材料（各1台分）

	［17cm型］	［20cm型］
●卵黄生地		
卵黄	60g	100g
オレンジジュース（果汁100%）	75mℓ	125mℓ
サラダ油	45g	76g
オレンジオイル	7振り	11振り
薄力粉	75g	125g
●メレンゲ		
卵白	140g	232g
グラニュー糖	60g	100g
●デコレーション		
クーベルチュールチョコレート*（ホワイト）	60g	100g
レモンの皮のすりおろし（あれば）	適量	適量

＊製菓用の中でも、カカオバターの含有量の多い上質なチョコレート。

		17cm型	20cm型
焼き時間●	ガスオーブン 180℃	22〜25分	35〜40分
	電気オーブン 170℃	35〜40分	50〜55分

下準備
- 卵黄、卵白をボウル2つにそれぞれ割り入れる。
- 卵黄生地を作っている間、卵白を冷凍庫に入れて、縁がゼリー状になるまで冷やす。
- ポリ袋に薄力粉を入れ、空気を含ませるように振る。

a

b

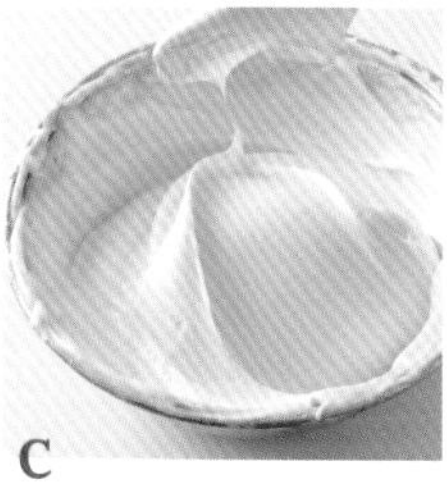
c

作り方

1 卵黄生地を作る。卵黄を泡立て器で溶きほぐし、オレンジジュース（写真**a**）、サラダ油の順に加えてそのつど混ぜる。オレンジオイルを振り、薄力粉をふるいながら加えて、ダマがなくなるまで混ぜる（写真**b**）。

2 基本の「メレンゲを作る」（P12・**6**〜**12**）と同様の手順で、卵白にグラニュー糖を加えて泡立て、しっかりとしたメレンゲを作る。

3 基本の「卵黄生地とメレンゲを混ぜる」（P13・**13**〜**19**）と同様の手順で、卵黄生地にメレンゲを3回に分けて加え、メレンゲの泡を消さないようにゴムべらで卵黄生地に均一に混ぜ込む。生地につやが出て、ふんわりとしていればOK（写真**c**）。

4 基本の「生地を型に流す」（P15・**20**〜**24**）と同様の手順で**3**の生地を型に流し、予熱したオーブンに入れて焼く。

5 焼き上がったら逆さにして冷まし、基本の「型からはずす」（P16・**27**〜**30**）と同様の手順でケーキを型からはずす。

6 チョコレートは細かく刻み、湯せんまたは電子レンジで溶かし、スプーンで**5**のケーキに線状にたらし、レモンの皮を飾る。ホワイトチョコレートは固まりやすいので、すぐにデコレーションをすること。

ポイント●
オレンジジュースとオイルを加えた卵黄生地はしまりますが、ここで水分量を増やしてしまうと大きな穴があく原因に。卵黄生地がややかために仕上がっても不安にならなくて大丈夫。卵黄生地とメレンゲを上手に混ぜられれば最終生地がなめらかになる配合です。17cm型で15mℓ、20cm型で25mℓのオレンジリキュールにオレンジジュースを加えて計75mℓと125mℓの水分量にすると、オレンジの香りを強調できます。

［定番シフォン］
standard

紅茶

tea

水分をミルクティー液にして、
紅茶葉も加えて
より香り高く仕上げます。
牛乳を使っているので、
最終生地は基本のバニラ生地より
ややゆるめです

材料（各1台分）

	［17cm型］	［20cm型］
●卵黄生地		
卵黄	60g	100g
ミルクティー液		
紅茶葉A	4g	8g
水	60mℓ	120mℓ
牛乳	適量	適量
サラダ油	45g	76g
バニラオイル	3振り	5振り
紅茶葉B	2g	4g
薄力粉	75g	125g
●メレンゲ		
卵白	140g	232g
グラニュー糖	65g	108g

		17cm型	20cm型
焼き時間●	ガスオーブン 180℃	22〜25分	35〜40分
	電気オーブン 170℃	35〜40分	50〜55分

下準備

- 卵黄、卵白をボウル2つにそれぞれ割り入れる。
- 卵黄生地を作っている間、卵白を冷凍庫に入れて、縁がゼリー状になるまで冷やす。
- 薄力粉をポリ袋に入れ、空気を含ませるように振る。
- 紅茶葉Bを細かくすりつぶす。

a

b

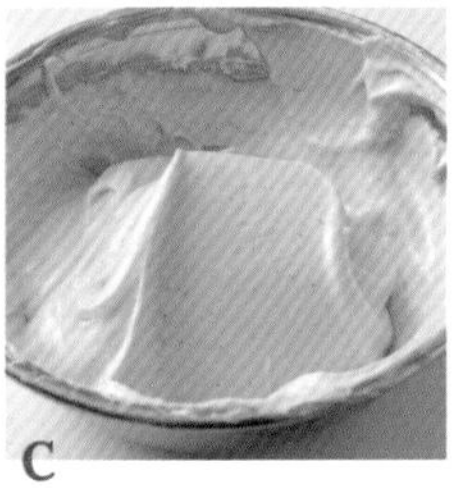
c

作り方

1 ミルクティー液を作る。小鍋に紅茶葉Aと水を入れ、中火で煮出して濃いめの紅茶液を作る（写真**a**）。茶こしでこし（17cm型で約30mℓ、20cm型で約50mℓが目安）、17cm型で計75mℓ、20cm型で計125mℓになるように牛乳を加える。

2 卵黄生地を作る。卵黄を泡立て器で溶きほぐし、**1**を加えて混ぜる。サラダ油を加えて混ぜ、バニラオイルを振り、紅茶葉Bを加えて混ぜる（写真**b**）。薄力粉をふるいながら加えて、ダマがなくなるまで混ぜる。

3 基本の「メレンゲを作る」（P12・**6**〜**12**）と同様の手順で、卵白にグラニュー糖を加えて泡立て、しっかりとしたメレンゲを作る。

4 基本の「卵黄生地とメレンゲを混ぜる」（P13・**13**〜**19**）と同様の手順で、卵黄生地にメレンゲを3回に分けて加え、メレンゲの泡を消さないようにゴムべらで卵黄生地に均一に混ぜ込む。生地につやが出て、ふんわりとしていればOK（写真**c**）。

5 基本の「生地を型に流す」（P15・**20**〜**24**）と同様の手順で**4**の生地を型に流し、予熱したオーブンに入れて焼く。

6 焼き上がったら逆さにして冷まし、基本の「型からはずす」（P16・**27**〜**30**）と同様の手順でケーキを型からはずす。

ポイント●

紅茶シフォンはややふくらみに欠け、底上げが起こりやすい生地になります。もし失敗してしまったら、薄力粉にベーキングパウダー小さじ1とベーキングソーダ小さじ1/2を加えたレシピ（17cm型の場合）でお試しください。紅茶は、より香りの高いアールグレイやアッサムがおすすめです。

［定番シフォン］
standard

焙煎コーヒー

coffee

**コーヒー豆とコーヒーリキュールの
ダブル使いがポイント。
ほろ苦い大人の香りの
風味豊かなシフォンです**

a

b

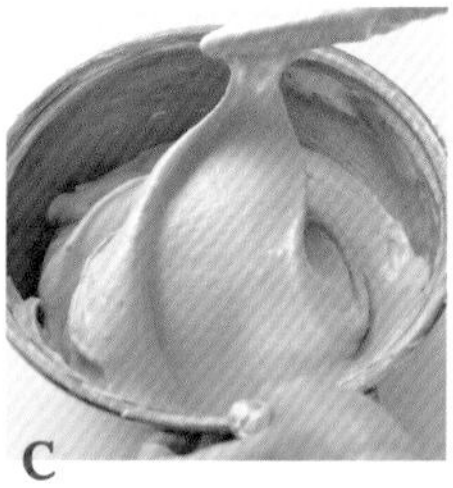
c

材料（各1台分）　［17cm型］　［20cm型］

●卵黄生地

	17cm型	20cm型
卵黄	60g	100g
水	60mℓ	100mℓ
コーヒーリキュール（カルーア）	15mℓ	25mℓ
サラダ油	45g	76g
薄力粉	75g	125g
カフェリーヌ	5g	8g

●メレンゲ

	17cm型	20cm型
卵白	140g	232g
グラニュー糖	65g	108g

		17cm型	20cm型
焼き時間●	ガスオーブン 180℃	22〜25分	35〜40分
	電気オーブン 170℃	35〜40分	50〜55分

下準備

- 卵黄、卵白をボウル2つにそれぞれ割り入れる。
- 卵黄生地を作っている間、卵白を冷凍庫に入れて、縁がゼリー状になるまで冷やす。
- ポリ袋に薄力粉とカフェリーヌを入れ、空気を含ませるように振る。

作り方

1　卵黄生地を作る。卵黄を泡立て器で溶きほぐし、合わせた水とコーヒーリキュール、サラダ油の順に加えてそのつど混ぜる。合わせた粉類を粉ふるいに入れてゴムべらでこしながら加え（写真**a**）、泡立て器でダマがなくなるまで混ぜる（写真**b**）。

2　基本の「メレンゲを作る」（P12・**6**〜**12**）と同様の手順で、卵白にグラニュー糖を加えて泡立て、しっかりとしたメレンゲを作る。

3　基本の「卵黄生地とメレンゲを混ぜる」（P13・**13**〜**19**）と同様の手順で、卵黄生地にメレンゲを3回に分けて加え、メレンゲの泡を消さないようにゴムべらで卵黄生地に均一に混ぜ込む。生地につやが出て、ふんわりとしていればOK（写真**c**）。

4　基本の「生地を型に流す」（P15・**20**〜**24**）と同様の手順で**3**の生地を型に流し、予熱したオーブンに入れて焼く。

5　焼き上がったら逆さにして冷まし、基本の「型からはずす」（P16・**27**〜**30**）と同様の手順でケーキを型からはずす。

6　カットして器に盛り、好みでホイップクリームを添える。

［カフェリーヌ］
コーヒー豆をそのまま粉砕して微粉末にしたもの。コーヒーそのものの芳醇な風味が特徴。

［定番シフォン］
standard

抹茶と甘納豆

maccha & amanatto

深いグリーンの色が鮮やかな
抹茶の香りが濃厚な和風シフォンケーキ。
ベストコンビの大納言甘納豆を
生地に混ぜ込みました

材料（各1台分）

	［17cm型］	［20cm型］
●卵黄生地		
卵黄	60g	100g
牛乳	75mℓ	125mℓ
サラダ油	45g	76g
バニラオイル	3振り	5振り
薄力粉	67g	112g
抹茶	8g	13g
●メレンゲ		
卵白	140g	232g
グラニュー糖	65g	108g
甘納豆	25g	50g

		17cm型	20cm型
焼き時間	ガスオーブン 180℃	22〜25分	35〜40分
	電気オーブン 170℃	35〜40分	50〜55分

下準備

- 卵黄、卵白をボウル2つにそれぞれ割り入れる。
- 卵黄生地を作っている間、卵白を冷凍庫に入れて、縁がゼリー状になるまで冷やす。
- ポリ袋に薄力粉と抹茶を入れ、空気を含ませるように振る。
- 甘納豆の表面に砂糖がついているものは洗って落とし、水気を拭く。粒が大きいものは刻む。

作り方

1 卵黄生地を作る。卵黄を泡立て器で溶きほぐし、牛乳、サラダ油の順に加えてそのつど混ぜる。バニラオイルを振り、粉類をふるいながら加えて、ダマがなくなるまで混ぜる（写真**a**）。

2 基本の「メレンゲを作る」（P12・**6**〜**12**）と同様の手順で、卵白にグラニュー糖を加えて泡立て、しっかりとしたメレンゲを作る。

3 基本の「卵黄生地とメレンゲを混ぜる」（P13・**13**〜**19**）と同様の手順で、卵黄生地にメレンゲを3回に分けて加え、メレンゲの泡を消さないようにゴムべらで卵黄生地に均一に混ぜ込む。生地につやが出て、ふんわりとしていればOK（写真**b**）。

4 基本の「生地を型に流す」（P15・**20**〜**24**）を参照して、**3**の生地の半量を型に流す。箸で空気抜きをしてゆすり、甘納豆を均一にのせる。残りの生地を甘納豆が隠れるように流し（写真**c**）、ゴムべらで生地を型の縁につけるようにならす。予熱したオーブンに入れて焼く。

5 焼き上がったら逆さにして冷まし、基本の「型からはずす」（P16・**27**〜**30**）と同様の手順でケーキを型からはずす。

a

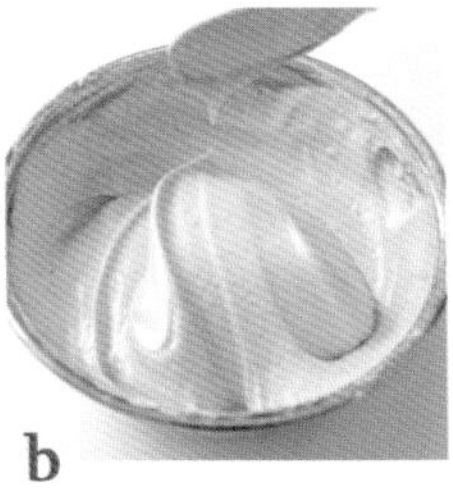
b

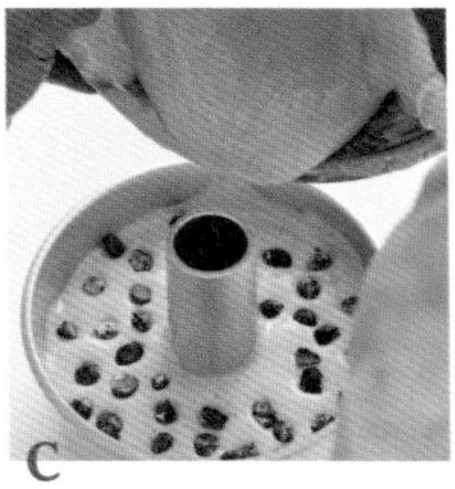
c

ポイント

抹茶が入ると卵黄生地は重くなります。さらに牛乳を使っているので、卵黄生地とメレンゲを混ぜるときに力を入れてしまうと最終生地がてきめんにゆるんできます。そうなると甘納豆がのらずに、生地の中に沈んでしまいますから、ふんわりとした最終生地に仕上げてください。

材料 [17cm型1台分]

- 卵黄生地
  - 卵黄 ―― 50g
  - バナナ小1本(正味) 65g
    ＋オレンジジュースで115㎖
  - サラダ油 ―― 36g
  - バニラオイル ―― 3～4振り
  - バナナリキュール(あれば) ―― 小さじ½
  - 薄力粉 ―― 56g
- メレンゲ
  - 卵白 ―― 120g
  - グラニュー糖 ―― 50g

		17cm型
焼き時間	ガスオーブン 180℃	25～35分
	電気オーブン 170℃	35～40分

下準備

- 卵黄、卵白をボウル2つにそれぞれ割り入れる。
- 卵黄生地を作っている間、卵白を冷凍庫に入れて、縁がゼリー状になるまで冷やす。
- ポリ袋に薄力粉を入れ、空気を含ませるように振る。

[定番シフォン]
standard

banana
バナナ

しっとりとした生地から
完熟バナナの甘い
香りが漂います。
定番ですが、根強い人気の
シフォンケーキです

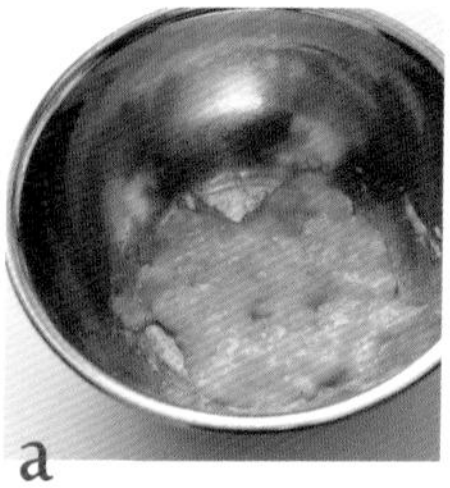
a

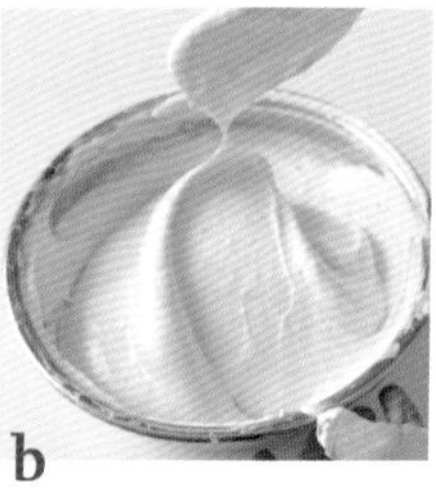
b

作り方

1 バナナはめん棒などでつぶして(写真**a**)、計量カップに移し、オレンジジュースを加えて115㎖にする。

2 卵黄生地を作る。卵黄を泡立て器で溶きほぐし、**1**を加えて混ぜる。サラダ油を加えて混ぜ、バニラオイルを振り、あればバナナリキュールを加える。薄力粉をふるいながら加えて、ダマがなくなるまで混ぜる。

3 基本の「メレンゲを作る」(P12・**6**～**12**)と同様の手順で、卵白にグラニュー糖を加えて泡立て、しっかりとしたメレンゲを作る。

4 基本の「卵黄生地とメレンゲを混ぜる」(P13・**13**～**19**)と同様の手順で、卵黄生地にメレンゲを3回に分けて加え、メレンゲの泡を消さないようにゴムべらで卵黄生地に均一に混ぜ込む。生地につやがあり、ふんわりとしていればOK(写真**b**)。

5 基本の「生地を型に流す」(P15・**20**～**24**)と同様の手順で**4**の生地を型に流し、予熱したオーブンに入れて焼く。

6 焼き上がったら逆さにして冷まし、基本の「型からはずす」(P16・**27**～**30**)と同様の手順でケーキを型からはずす。

ポイント

バナナなどのフルーツをピューレ状にして加えると、穴があきやすく、また全体の重量が重くなるので、冷ますときに型から落ちる失敗も。作りやすい17cm型の分量を紹介しますので、しっかり計量してください。バナナは皮に茶色の斑点が出始めた完熟のものが甘みや香りが強くておすすめ。

材料（各1台分）　［17cm型］　［20cm型］

●卵黄生地

- 卵黄 ―― 60g …… 100g
- 水 ―― 45mℓ …… 75mℓ
- レモン汁 ―― 20mℓ …… 35mℓ
- サラダ油 ―― 45g …… 76g
- レモンの皮（すりおろし）
  ―― ½個分 …… 1個分
- レモンオイル ―― 6振り …… 10振り
- 薄力粉 ―― 75g …… 125g
- ドライクランベリー ― 55g …… 90g

●メレンゲ

- 卵白 ―― 140g …… 232g
- グラニュー糖 ―― 65g …… 108g

		17cm型	20cm型
焼き時間●	ガスオーブン 180℃	22〜25分	35〜40分
	電気オーブン 170℃	35〜40分	50〜55分

下準備

- ●卵黄、卵白をボウル2つにそれぞれ割り入れる。
- ●卵黄生地を作っている間、卵白を冷凍庫に入れて、縁がゼリー状になるまで冷やす。
- ●ポリ袋に薄力粉を入れ、空気を含ませるように振る。
- ●クランベリーを細かく刻み、薄力粉（分量外）をまぶす。

作り方

1 卵黄生地を作る。卵黄を泡立て器で溶きほぐし、合わせた水とレモン汁（写真**a**）、サラダ油の順に加えてそのつど混ぜる。レモンの皮を加えて、レモンオイルを振り、薄力粉をふるいながら加えてダマがなくなるまで混ぜ、クランベリーを加えて混ぜる。

2 基本の「メレンゲを作る」（P12・**6**〜**12**）と同様の手順で、卵白にグラニュー糖を加えて泡立て、しっかりとしたメレンゲを作る。

3 基本の「卵黄生地とメレンゲを混ぜる」（P13・**13**〜**19**）と同様の手順で、卵黄生地にメレンゲを3回に分けて加え、メレンゲの泡を消さないようにゴムべらで卵黄生地に均一に混ぜ込む。生地につやが出て、ふんわりとしていればOK（写真**b**）。

4 基本の「生地を型に流す」（P15・**20**〜**24**）と同様の手順で**3**の生地を型に流し、予熱したオーブンに入れて焼く。

5 焼き上がったら逆さにして冷まし、基本の「型からはずす」（P16・**27**〜**30**）と同様の手順でケーキを型からはずす。

ポイント●

レモンは皮をすりおろして使うので、国産の無農薬のものを選びましょう。

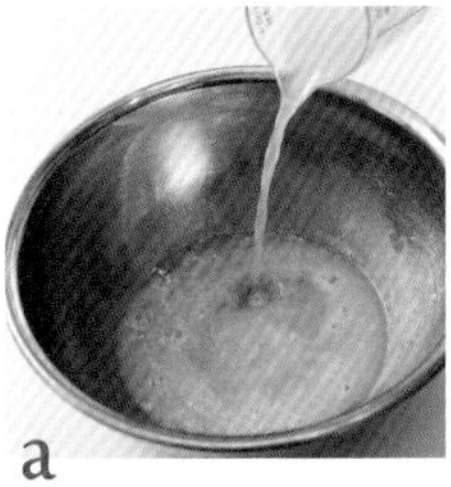

a

b

［フルーツ＆野菜］
fruits & vegetables

クランベリー＆レモン *cranberry & lemon*

レモンのさわやかな風味の
シフォンケーキ。甘酸っぱい赤いクランベリーが
キュートなアクセントに

カシス＆ヨーグルト

black currant & yogurt

ヨーグルトのほのかな酸味がおいしいシフォンケーキ。カシスをアクセントにした、まろやかな味わいです

材料（各1台分）

	[17cm型]	[20cm型]
●卵黄生地		
卵黄	60g	100g
プレーンヨーグルト	75g	125g
サラダ油	36g	58g
薄力粉	75g	125g
ドライカシス	40g	80g
●メレンゲ		
卵白	140g	232g
グラニュー糖	60g	100g
レモン汁	15mℓ	25mℓ

		17cm型	20cm型
焼き時間	ガスオーブン 180℃	22～25分	35～40分
	電気オーブン 170℃	35～40分	50～55分

下準備

- 卵黄、卵白をボウル2つにそれぞれ割り入れる。
- 卵黄生地を作っている間、卵白を冷凍庫に入れて、縁がゼリー状になるまで冷やす。
- ポリ袋に薄力粉を入れ、空気を含ませるように振る。
- カシスに薄力粉（分量外）をまぶす。

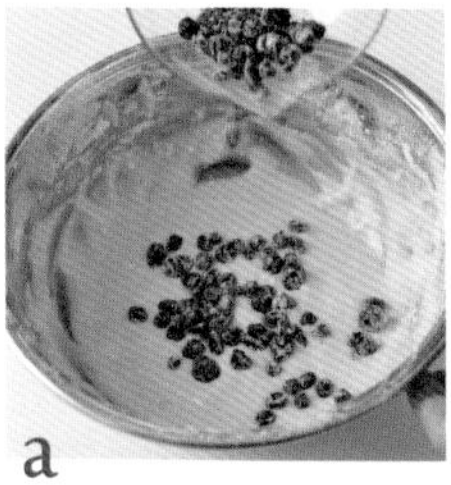

a

b

c

d

作り方

1 卵黄生地を作る。卵黄を泡立て器で溶きほぐし、ヨーグルト、サラダ油の順に加えてそのつど混ぜる。薄力粉をふるいながら加えてダマがなくなるまで混ぜ、カシスを加える（写真**a**）。

2 基本の「メレンゲを作る」（P12・**6**～**12**）を参照して、卵白にグラニュー糖とレモン汁を加えて泡立て、メレンゲを作る。グラニュー糖は3回に分けて加え、レモン汁は少量ずつ回数を分けて加える。

3 「ゴムべらだけで混ぜる」（P14）と同様の手順で、卵黄生地にメレンゲを3回に分けて加え、メレンゲの泡を消さないようにゴムべらで卵黄生地とメレンゲを混ぜる（写真**b**、**c**）。つやが出て、ふんわりとしていればOK（写真**d**）。

4 基本の「生地を型に流す」（P15・**20**～**24**）と同様の手順で**3**の生地を型に流し、予熱したオーブンに入れて焼く。

5 焼き上がったら逆さにして冷まし、基本の「型からはずす」（P16・**27**～**30**）と同様の手順でケーキを型からはずす。

ポイント

生地にレモンの風味をつけるためにレモン汁を多めに加えたメレンゲは、ゆるみやすいもの。レモン汁を少しずつ少しずつ加えながら、泡立ててください。また、ヨーグルトを加えた生地なので、卵黄生地とメレンゲを混ぜるときは、最初からゴムべらだけの混ぜ方になります。

[フルーツ＆野菜]
fruits & vegetables

coconut & mango

ココナッツ＆マンゴー

甘い香りのココナッツと甘みが詰まったマンゴー、
トロピカルなナッツとドライフルーツとのベストコンビです

材料（各1台分）

	[17cm型]	[20cm型]
●卵黄生地		
卵黄	60g	100g
水	65mℓ	110mℓ
サラダ油	45g	76g
薄力粉	70g	117g
ココナッツパウダー	5g	8g
ココナッツロング	15g	25g
ドライマンゴー	40g	70g
●メレンゲ		
卵白	140g	232g
グラニュー糖	65g	108g

		17cm型	20cm型
焼き時間●	ガスオーブン 180℃	22〜25分	35〜40分
	電気オーブン 170℃	35〜40分	50〜55分

下準備

- ココナッツロングを刻み、160℃のオーブンできつね色になるまで焼き、粗熱を取る。
- 卵黄、卵白をボウル2つにそれぞれ割り入れる。
- 卵黄生地を作っている間、卵白を冷凍庫に入れて、縁がゼリー状になるまで冷やす。
- ポリ袋に薄力粉とココナッツパウダーを入れ、空気を含ませるように振る。
- ドライマンゴーを細かく刻む。

a

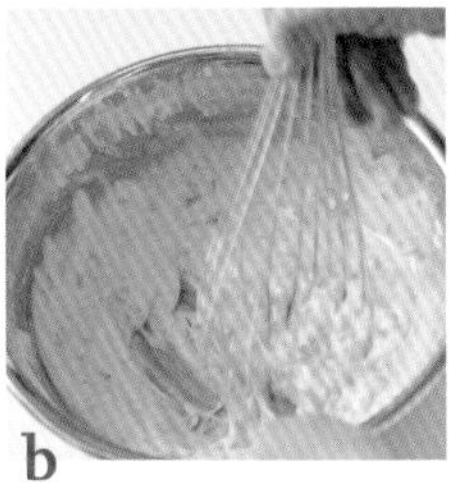
b

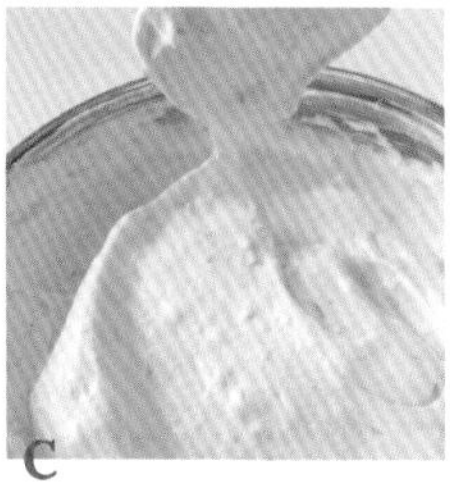
c

作り方

1 卵黄生地を作る。卵黄を泡立て器で溶きほぐし、水、サラダ油の順に加えてそのつど混ぜる。合わせた粉類をふるいながら加えて混ぜ、ココナッツロング（写真**a**）とマンゴーを加えて、ダマがなくなるまで混ぜる（写真**b**）。

2 基本の「メレンゲを作る」（P12・**6**〜**12**）と同様の手順で、卵白にグラニュー糖を加えて泡立て、しっかりとしたメレンゲを作る。

3 基本の「卵黄生地とメレンゲを混ぜる」（P13・**13**〜**19**）と同様の手順で、卵黄生地にメレンゲを3回に分けて加え、メレンゲの泡を消さないようにゴムべらで卵黄生地に均一に混ぜ込む。生地につやが出て、ふんわりとしていればOK（写真**c**）。

4 基本の「生地を型に流す」（P15・**20**〜**24**）と同様の手順で**3**の生地を型に流し、予熱したオーブンに入れて焼く。

5 焼き上がったら逆さにして冷まし、基本の「型からはずす」（P16・**27**〜**30**）と同様の手順でケーキを型からはずす。

ジェノバペースト&ドライトマト

jenovese & dry tomato

バジルの葉で作る香り高いジェノバペーストと
ドライトマトを焼き込みました。ワインのお供にもぴったりの、
甘さを控えた大人のイタリアンテイストシフォン

材料（各1台分）　［17cm型］　［20cm型］

●卵黄生地
- 卵黄 ――― 60g …… 100g
- 水 ――― 50mℓ …… 85mℓ
- A
  - ジェノバペースト（下記参照） ――― 50g …… 85g
  - エクストラヴァージンオリーブオイル ― 10mℓ …… 15mℓ
- 薄力粉 ――― 75g …… 125g

●メレンゲ
- 卵白 ――― 160g …… 260g
- グラニュー糖 ――― 30g …… 50g
- レモン汁 ――― 15mℓ …… 25mℓ

ドライトマト ――― 20g …… 35g

		17cm型	20cm型
焼き時間●	ガスオーブン 180℃	22〜25分	35〜40分
	電気オーブン 170℃	35〜40分	50〜55分

下準備
- ●卵黄、卵白をボウル2つにそれぞれ割り入れる。
- ●卵黄生地を作っている間、卵白を冷凍庫に入れて、縁がゼリー状になるまで冷やす。
- ●ポリ袋に薄力粉を入れ、空気を含ませるように振る。
- ●Aをよく混ぜ合わせる。
- ●ドライトマトをざっくりと刻む。

ジェノバペースト（でき上がり180〜190g分）
バジルの葉50g、松の実30g、にんにくのみじん切り15g、すりおろしたパルミジャーノチーズ50g、エクストラヴァージンオリーブオイル70mℓを用意する。フードプロセッサーまたはミキサーに入れ、なめらかなペースト状（写真右半分）になるまで撹拌する。残ったものは、冷蔵保存でパスタソースやドレッシングのベースに。保存袋に入れて冷凍も可。

a

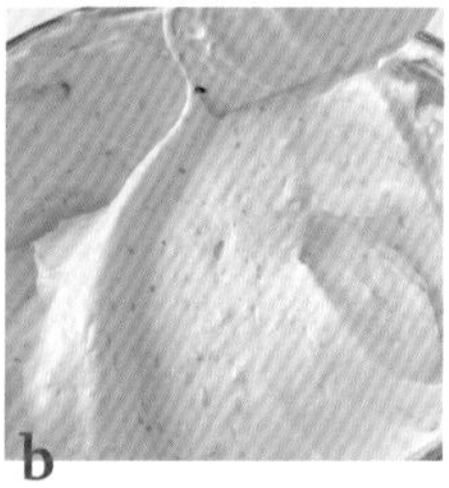
b

c

作り方

1 卵黄生地を作る。卵黄を泡立て器で溶きほぐし、水、Aの順に加えてそのつど混ぜる。薄力粉をふるいながら加えて、ダマがなくなるまで混ぜる。

2 基本の「メレンゲを作る」（P12・**6**〜**12**）を参照して、卵白にグラニュー糖とレモン汁を加えて泡立て、しっかりとしたメレンゲを作る。グラニュー糖は3回に分けて加え、レモン汁は少量ずつ回数を分けて加える（写真**a**）。

3 「ゴムべらだけで混ぜる」（P14）と同様の手順で、卵黄生地にメレンゲを3回に分けて加え、メレンゲの泡を消さないように、ゴムべらで卵黄生地とメレンゲを混ぜる。生地につやが出て、ふんわりとしていればOK（写真**b**）。

4 基本の「生地を型に流す」（P15・**20**〜**24**）を参照して、**3**の生地の半量を型に流す。箸で空気抜きをしてゆすり、ドライトマトを均一にのせる（写真**c**）。残りの生地をトマトが隠れるように流し、ゴムべらで生地を型の縁につけるようにならす。予熱したオーブンに入れて焼く。

5 焼き上がったら逆さにして冷まし、基本の「型からはずす」（P16・**27**〜**30**）と同様の手順でケーキを型からはずす。食べるときに、残ったジェノバペースト大さじ1にオリーブオイル小さじ1の割合で合わせたソースを添えてもよい。

ポイント

卵白に加える砂糖が少ないうえに、多めのレモン汁を加えての泡立ては大変ですが、しっかりとしたメレンゲを作りましょう。粉チーズが入ったジェノバペーストを加えた生地はゆるみやすいので、ゴムべらだけで卵黄生地とメレンゲを混ぜてください。少し難易度の高いシフォンになります。

ナッツ nuts

いろいろなナッツを
焼き込んだ、香ばしくて、
食感が楽しいシフォンです。
ふわふわの生地との
バランスを考え、ナッツは
細かく刻みましょう

材料（各1台分）　［17cm型］　［20cm型］

●卵黄生地

	17cm型	20cm型
卵黄	60g	100g
水	65mℓ	110mℓ
A アーモンドプラリネ*1 ＋サラダ油	大さじ½＋サラダ油で50mℓ	大さじ1＋サラダ油で85mℓ
薄力粉	65g	108g
アーモンドパウダー	10g	17g
ナッツ（カシューナッツ、アーモンド、ヘーゼルナッツ、くるみなど合わせて）	20g	50g

●メレンゲ

	17cm型	20cm型
卵白	120g	200g
グラニュー糖	65g	110g

●デコレーション

	17cm型	20cm型
クーベルチュールチョコレート（ビター）*2	60g	100g
バター（食塩不使用）	15g	25g
ナッツ（カシューナッツ、アーモンド、ヘーゼルナッツ、くるみなど合わせて）	30g	50g

*1 グラニュー糖をキャラメル色に焦がし、きつね色に焼いたアーモンドを加え、ペースト状になるまで挽いたもの。
*2 P57参照。

		17cm型	20cm型
焼き時間●	ガスオーブン 180℃	22～25分	35～40分
	電気オーブン 170℃	35～40分	50～55分

下準備

- ナッツを生地用、デコレーション用ともに160℃のオーブンで約10分、きつね色になるまで焼く。粗熱が取れたら細かく刻む。
- 卵黄、卵白をボウル2つにそれぞれ割り入れる。
- 卵黄生地を作っている間、卵白を冷凍庫に入れて、縁がゼリー状になるまで冷やす。
- ポリ袋に薄力粉とアーモンドパウダーを入れ、空気を含ませるように振る。
- Aのアーモンドプラリネにサラダ油を加え、よく混ぜて溶かす。

a

b

c

d

作り方

1 卵黄生地を作る。卵黄を泡立て器で溶きほぐし、水、Aの順に加えて（写真**a**）そのつど混ぜる。ナッツを加え（写真**b**）、合わせた粉類をふるいながら加えて、ダマがなくなるまで混ぜる（写真**c**）。

2 基本の「メレンゲを作る」（P12・**6**～**12**）と同様の手順で、卵白にグラニュー糖を加えて泡立て、しっかりとしたメレンゲを作る。

3 基本の「卵黄生地とメレンゲを混ぜる」（P13・**13**～**19**）と同様の手順で、卵黄生地にメレンゲを3回に分けて加え、メレンゲの泡を消さないようにゴムべらで卵黄生地に均一に混ぜ込む。生地につやが出て、ふんわりとしていればOK（写真**d**）。

4 基本の「生地を型に流す」（P15・**20**～**24**）と同様の手順で**3**の生地を型に流し、予熱したオーブンに入れて焼く。

5 焼き上がったら逆さにして冷まし、基本の「型からはずす」（P16・**27**～**30**）と同様の手順でケーキを型からはずす。

6 チョコレートは細かく刻み、バターとともにボウルに入れ、湯せんまたは電子レンジで様子を見ながら1分30秒ほど加熱して溶かす。スプーンで**5**のケーキに線状にたらす。チョコレートが固まる前に、上面にナッツを散らす。

ポイント●

アーモンドプラリネは油脂分が強くてかたいので、サラダ油を加えたら、よく混ぜて溶かしておきます。ナッツはオーブンで焼いて余分な水分を飛ばし、カリッとさせます。シフォンのやわらかい食感を損なわないよう、生地に混ぜ込むナッツは細かく刻んでください。

［フルーツ＆野菜］
fruits & vegetables

いちじく

fig

いちじくに相性抜群の
ラム酒の風味を添え、
メレンゲのグラニュー糖を
きび砂糖にかえてコクづけを

材料（各1台分）　［17cm型］　［20cm型］

●卵黄生地

	17cm型	20cm型
卵黄	60g	100g
水	50mℓ	80mℓ
ラム酒	15mℓ	25mℓ
サラダ油	45g	76g
薄力粉	75g	125g
ドライいちじく（黒）	50g	85g

●メレンゲ

	17cm型	20cm型
卵白	120g	200g
きび砂糖*	65g	110g

*さとうきびが原料の、さらさらとしたソフトな甘さの砂糖。

		17cm型	20cm型
焼き時間	ガスオーブン 180℃	22〜25分	35〜40分
	電気オーブン 170℃	35〜40分	50〜55分

下準備

- 卵黄、卵白をボウル2つにそれぞれ割り入れる。
- 卵黄生地を作っている間、卵白を冷凍庫に入れて、緑がゼリー状になるまで冷やす。
- ポリ袋に薄力粉を入れ、空気を含ませるように振る。
- ドライいちじくを細かく刻む。

a

作り方

1　卵黄生地を作る。卵黄を泡立て器で溶きほぐし、合わせた水とラム酒、サラダ油の順に加えて混ぜる。薄力粉をふるいながら加えてダマがなくなるまで混ぜ、いちじくを加えて混ぜる。

2　基本の「メレンゲを作る」（P12・**6**〜**12**）と同様の手順で、卵白にきび砂糖を加えて泡立て、しっかりとしたメレンゲを作る。

3　基本の「卵黄生地とメレンゲを混ぜる」（P13・**13**〜**19**）と同様の手順で、卵黄生地にメレンゲを3回に分けて加え、メレンゲの泡を消さないようにゴムべらで卵黄生地に均一に混ぜ込む。生地につやが出て、ふんわりとしていればOK（写真**a**）。

4　基本の「生地を型に流す」（P15・**20**〜**24**）と同様の手順で**3**の生地を型に流し、予熱したオーブンに入れて焼く。

5　焼き上がったら逆さにして冷まし、基本の「型からはずす」（P16・**27**〜**30**）と同様の手順でケーキを型からはずす。

にんじん＆レーズン

carrot & raisin

にんじんの自然な色合いと
やさしい甘さで、
ブランチシフォンとしても

材料(各1台分)　［17cm型］　［20cm型］

●卵黄生地
- にんじん(正味) ――― 55g …… 90g
  ＋にんじんジュースで90mℓ　＋にんじんジュースで150mℓ
- 卵黄 ――― 60g …… 100g
- サラダ油 ――― 45g …… 76g
- 薄力粉 ――― 60g …… 100g
- アーモンドパウダー ― 7g …… 12g
- シナモンパウダー ――― 小さじ¼ …… 小さじ½
- レーズン(小粒) ――― 50g …… 85g

●メレンゲ
- 卵白 ――― 140g …… 232g
- きび砂糖 ――― 60g …… 100g
- レモン汁 ――― 15mℓ …… 25mℓ

		17cm型	20cm型
焼き時間●	ガスオーブン 180℃	22〜25分	35〜40分
	電気オーブン 170℃	35〜40分	50〜55分

下準備
- 卵黄、卵白をボウル2つにそれぞれ割り入れる。
- 卵黄生地を作っている間、卵白を冷凍庫に入れて、縁がゼリー状になるまで冷やす。
- ポリ袋に薄力粉とアーモンドパウダー、シナモンパウダーを入れ、空気を含ませるように振る。

a

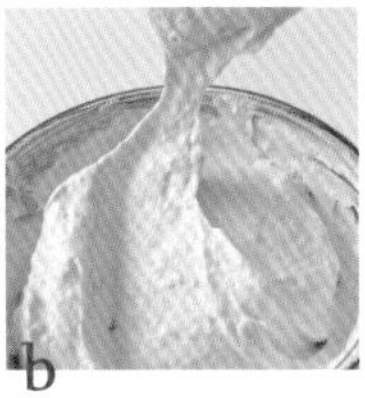
b

作り方

1 にんじんは小さく切り、やわらかくなるまでゆでてつぶし、にんじんジュースを加えて17cm型で90mℓ、20cm型で150mℓ用意する。

2 卵黄生地を作る。卵黄を泡立て器で溶きほぐし、1、サラダ油の順に加えてそのつど混ぜる。合わせた粉類をふるいながら加えてダマがなくなるまで混ぜ、レーズンを加えて混ぜる(写真a)。

3 基本の「メレンゲを作る」(P12･6〜12)を参照して、卵白にきび砂糖とレモン汁を加えて泡立て、しっかりとしたメレンゲを作る。きび砂糖は3回に分けて加え、レモン汁は少量ずつ回数を分けて加える。

4 基本の「卵黄生地とメレンゲを混ぜる」(P13･13〜19)と同様の手順で、卵黄生地にメレンゲを3回に分けて加え、メレンゲの泡を消さないようにゴムべらで卵黄生地に均一に混ぜ込む。生地につやが出て、ふんわりとしていればOK(写真b)。

5 基本の「生地を型に流す」(P15･20〜24)と同様の手順で4の生地を型に流し、予熱したオーブンに入れて焼く。

6 焼き上がったら逆さにして冷まし、基本の「型からはずす」(P16･27〜30)と同様の手順でケーキを型からはずす。

［和風］
Japanese taste

ゆず
yuzu

ゆずの皮、搾り汁と
ゆずをまるごと使った
香り豊かなシフォン。
黄ゆずの季節に
ぜひお試しください

材料（各1台分）

	［17cm型］	［20cm型］
●卵黄生地		
卵黄	60g	100g
水	45mℓ	75mℓ
ゆずの搾り汁	20mℓ	35mℓ
サラダ油	45g	76g
薄力粉	75g	125g
ゆずピール*	30g	50g
ゆずの皮（すりおろし）	1個分	2個分
●メレンゲ		
卵白	140g	232g
グラニュー糖	65g	108g

＊ゆずの果皮を砂糖漬けにしたもの。

		17cm型	20cm型
焼き時間●	ガスオーブン 180℃	22〜25分	35〜40分
	電気オーブン 170℃	35〜40分	50〜55分

下準備

- 卵黄、卵白をボウル2つにそれぞれ割り入れる。
- 卵黄生地を作っている間、卵白を冷凍庫に入れて、縁がゼリー状になるまで冷やす。
- ポリ袋に薄力粉を入れ、空気を含ませるように振る。
- ゆずピールは砂糖がついていれば軽く洗って水気を拭き、細かく刻む。

作り方

1 卵黄生地を作る。卵黄を泡立て器で溶きほぐし、合わせた水とゆずの搾り汁、サラダ油の順に加えてそのつど混ぜる。薄力粉をふるいながら加えてダマがなくなるまで混ぜ、ゆずピール（写真**a**）、ゆずの皮を加えて混ぜる。

2 基本の「メレンゲを作る」(P12・**6**〜**12**)と同様の手順で、卵白にグラニュー糖を加えて泡立て、しっかりとしたメレンゲを作る。

3 基本の「卵黄生地とメレンゲを混ぜる」(P13・**13**〜**19**)と同様の手順で、卵黄生地にメレンゲを3回に分けて加え、メレンゲの泡を消さないようにゴムべらで卵黄生地に均一に混ぜ込む。生地につやが出て、ふんわりとしていればOK（写真**b**）。

4 基本の「生地を型に流す」(P15・**20**〜**24**)と同様の手順で**3**の生地を型に流し、予熱したオーブンに入れて焼く。

5 焼き上がったら逆さにして冷まし、基本の「型からはずす」(P16・**27**〜**30**)と同様の手順でケーキを型からはずす。

a

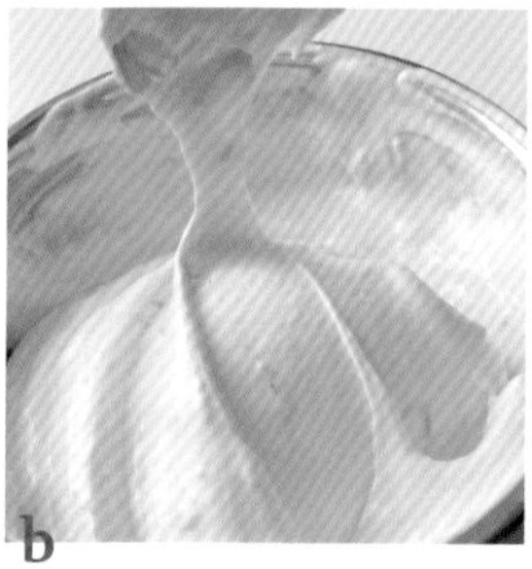
b

［和風］
Japanese taste

桜えび＆ちりめんじゃこ

sakuraebi & chirimenjako

甘さ控えめ、これぞ
和風テイストの乾物シフォン。
不思議なおいしさにはまります

材料(各1台分)　［17cm型］　［20cm型］

●卵黄生地

- 卵黄 ―― 60g …… 100g
- 濃いめのかつおだし＋しょうゆ小さじ1½ ―65mℓ …… 濃いめのかつおだし＋しょうゆ小さじ2½ 110mℓ
- サラダ油 ―― 45g …… 76g
- 薄力粉 ―― 75g …… 125g
- 桜えび ―― 8g …… 13g
- ちりめんじゃこ ―― 10g …… 16g
- 白ごま ―― 12g …… 20g

●メレンゲ

- 卵白 ―― 140g …… 232g
- グラニュー糖 ―― 30g …… 50g

		17cm型	20cm型
焼き時間●	ガスオーブン 180℃	22〜25分	35〜40分
	電気オーブン 170℃	35〜40分	50〜55分

下準備

- 卵黄、卵白をボウル2つにそれぞれ割り入れる。
- 卵黄生地を作っている間、卵白を冷凍庫に入れて、縁がゼリー状になるまで冷やす。
- ポリ袋に薄力粉を入れ、空気を含ませるように振る。

a

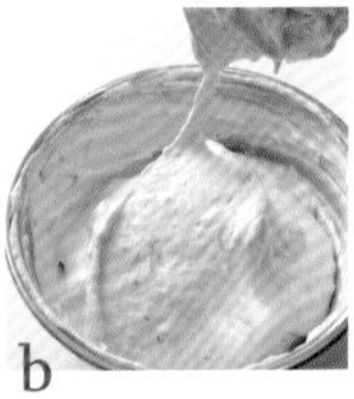
b

作り方

1 卵黄生地を作る。卵黄を泡立て器で溶きほぐし、かつおだし＋しょうゆ、サラダ油の順に加えてそのつど混ぜる。薄力粉をふるいながら加えて、ダマがなくなるまで混ぜ、桜えび、ちりめんじゃこ、白ごまを合わせて加え（写真**a**）、混ぜる。

2 基本の「メレンゲを作る」(P12・**6**〜**12**)と同様の手順で、卵白にグラニュー糖を加えて泡立て、しっかりとしたメレンゲを作る。卵白に対して砂糖の分量が少ないので、塩ひとつまみ（分量外）を加えて泡立てるとよい。

3 基本の「卵黄生地とメレンゲを混ぜる」(P13・**13**〜**19**)と同様の手順で、卵黄生地にメレンゲを3回に分けて加え、メレンゲの泡を消さないようにゴムべらで卵黄生地に均一に混ぜ込む。生地につやが出て、ふんわりとしていればOK（写真**b**）。

4 基本の「生地を型に流す」(P15・**20**〜**24**)と同様の手順で**3**の生地を型に流し、予熱したオーブンに入れて焼く。

5 焼き上がったら逆さにして冷まし、基本の「型からはずす」(P16・**27**〜**30**)と同様の手順でケーキを型からはずす。

［和風］
Japanese taste

豆乳&きなこ
soy milk & kinako

水をヘルシーで
栄養価も高い豆乳にかえ、
粉にきなこをプラス。
甘納豆を混ぜても美味

材料(各1台分)

	[17cm型]	[20cm型]
●卵黄生地		
卵黄	60g	100g
豆乳(無調整)	75mℓ	125mℓ
サラダ油	45g	76g
薄力粉	45g	75g
黒豆きなこ	30g	50g
●メレンゲ		
卵白	140g	232g
グラニュー糖	70g	120g

		17cm型	20cm型
焼き時間	ガスオーブン 180℃	22～25分	35～40分
	電気オーブン 170℃	35～40分	50～55分

下準備

- 卵黄、卵白をボウル2つにそれぞれ割り入れる。
- 卵黄生地を作っている間、卵白を冷凍庫に入れて、縁がゼリー状になるまで冷やす。
- ポリ袋に薄力粉ときなこを入れ、空気を含ませるように振る。

a

b

作り方

1 卵黄生地を作る。卵黄を泡立て器で溶きほぐし、豆乳、サラダ油の順に加えてそのつど混ぜる。合わせた粉類をふるいながら加えて、ダマがなくなるまで混ぜる(写真**a**)。

2 基本の「メレンゲを作る」(P12・**6**～**12**)と同様の手順で、卵白にグラニュー糖を加えて泡立て、しっかりとしたメレンゲを作る。

3 基本の「卵黄生地とメレンゲを混ぜる」(P13・**13**～**19**)と同様の手順で、卵黄生地にメレンゲを3回に分けて加え、メレンゲの泡を消さないようにゴムべらで卵黄生地に均一に混ぜ込む。生地につやが出て、ふんわりとしていればOK(写真**b**)。

4 基本の「生地を型に流す」(P15・**20**～**24**)と同様の手順で**3**の生地を型に流し、予熱したオーブンに入れて焼く。

5 焼き上がったら逆さにして冷まし、基本の「型からはずす」(P16・**27**～**30**)と同様の手順でケーキを型からはずす。

［和風］
Japanese taste

よもぎ

yomogi

シックな色合いの、
和菓子風シフォン。
よもぎがふんわりと香り、
飽きのこないおいしさです

a

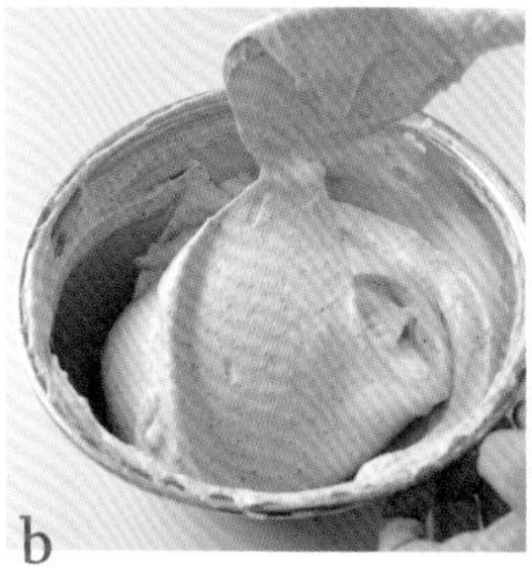
b

材料（各1台分）

	［17cm型］	［20cm型］
●卵黄生地		
卵黄	60g	100g
水	75mℓ	125mℓ
サラダ油	45g	76g
バニラオイル	3振り	5振り
薄力粉	68g	113g
乾燥よもぎ粉	7g	12g
●メレンゲ		
卵白	120g	200g
グラニュー糖	65g	110g

		17cm型	20cm型
焼き時間●	ガスオーブン 180℃	22〜25分	35〜40分
	電気オーブン 170℃	35〜40分	50〜55分

下準備

- 卵黄、卵白をボウル2つにそれぞれ割り入れる。
- 卵黄生地を作っている間、卵白を冷凍庫に入れて、縁がゼリー状になるまで冷やす。
- ポリ袋に薄力粉とよもぎ粉を入れ、空気を含ませるように振る。

作り方

1 卵黄生地を作る。卵黄を泡立て器で溶きほぐし、水、サラダ油の順に加えてそのつど混ぜる。バニラオイルを振り、合わせた粉類をふるいながら加え（写真**a**）、ダマがなくなるまで混ぜる。

2 基本の「メレンゲを作る」（P12・**6**〜**12**）と同様の手順で、卵白にグラニュー糖を加えて泡立て、しっかりとしたメレンゲを作る。

3 基本の「卵黄生地とメレンゲを混ぜる」（P13・**13**〜**19**）と同様の手順で、卵黄生地にメレンゲを3回に分けて加え、メレンゲの泡を消さないようにゴムべらで卵黄生地に均一に混ぜ込む。生地につやが出て、ふんわりとしていればOK（写真**b**）。

4 基本の「生地を型に流す」（P15・**20**〜**24**）と同様の手順で**3**の生地を型に流し、予熱したオーブンに入れて焼く。

5 焼き上がったら逆さにして冷まし、基本の「型からはずす」（P16・**27**〜**30**）と同様の手順でケーキを型からはずす。

ポイント●
乾燥よもぎ粉はふるいの目を通りにくいので、写真**a**のようにゴムべらで押しつぶすようにして、しっかりふるってください。

［スパイス］
spice

カレー *curry*

**初めて食べると、
意外なおいしさにびっくり。
スパイシーなカレー風味が新鮮で、
甘いものが苦手な人にも好評です**

a

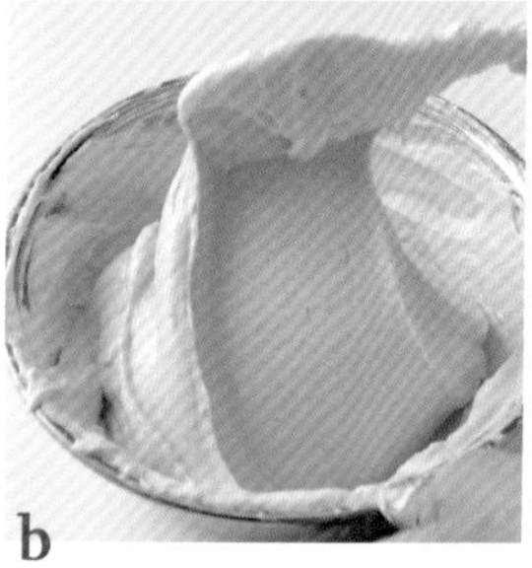
b

材料（各１台分）　［17cm型］　［20cm型］

●卵黄生地

	17cm型	20cm型
卵黄	60g	100g
水	80㎖	135㎖
サラダ油	45g	76g
薄力粉	65g	110g
カレー粉	15g	25g

●メレンゲ

	17cm型	20cm型
卵白	160g	260g
グラニュー糖	60g	100g

		17cm型	20cm型
焼き時間●	ガスオーブン 180℃	22〜25分	35〜40分
	電気オーブン 170℃	35〜40分	50〜55分

下準備

- 卵黄、卵白をボウル２つにそれぞれ割り入れる。
- 卵黄生地を作っている間、卵白を冷凍庫に入れて、縁がゼリー状になるまで冷やす。
- ポリ袋に薄力粉とカレー粉を入れ、空気を含ませるように振る。

作り方

1 卵黄生地を作る。卵黄を泡立て器で溶きほぐし、水、サラダ油の順に加えてそのつど混ぜる。合わせた粉類をふるいながら加えて、ダマがなくなるまで混ぜる（写真**a**）。

2 基本の「メレンゲを作る」（P12・**6**〜**12**）と同様の手順で、卵白にグラニュー糖を加えて泡立て、しっかりとしたメレンゲを作る。

3 基本の「卵黄生地とメレンゲを混ぜる」（P13・**13**〜**19**）と同様の手順で、卵黄生地にメレンゲを３回に分けて加え、メレンゲの泡を消さないようにゴムべらで卵黄生地に均一に混ぜ込む。生地につやが出て、ふんわりとしていればOK（写真**b**）。

4 基本の「生地を型に流す」（P15・**20**〜**24**）と同様の手順で**3**の生地を型に流し、予熱したオーブンに入れて焼く。

5 焼き上がったら逆さにして冷まし、基本の「型からはずす」（P16・**27**〜**30**）と同様の手順でケーキを型からはずす。

ポイント●

「The カリー」の名前で夏によく作るシフォンです。粉にカレー粉を加えるだけで、あとは基本のバニラシフォンと作り方は同じ。初めて作る方でも失敗の少ないシフォンです。

[スパイス]
spice

シナモン

cinnamon

シナモンパウダーを
きかせたスパイスシフォン。
粉にシナモンを
合わせるだけで、手順は
基本のバニラシフォン
と同じです

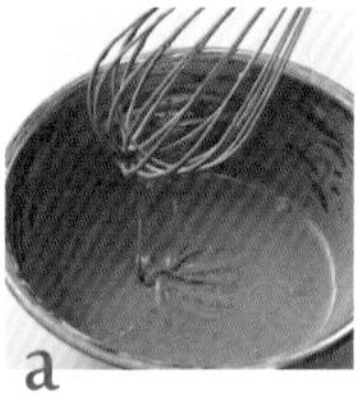
a

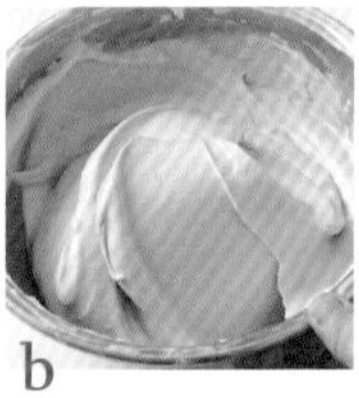
b

材料(各1台分)

	[17cm型]	[20cm型]
●卵黄生地		
卵黄	60g	100g
水	75mℓ	125mℓ
サラダ油	45g	76g
バニラオイル	3振り	5振り
薄力粉	68g	113g
シナモンパウダー	7g	12g
●メレンゲ		
卵白	140g	232g
グラニュー糖	67g	112g

		17cm型	20cm型
焼き時間●	ガスオーブン 180℃	22～25分	35～40分
	電気オーブン 170℃	35～40分	50～55分

下準備

- 卵黄、卵白をボウル2つにそれぞれ割り入れる。
- 卵黄生地を作っている間、卵白を冷凍庫に入れて、縁がゼリー状になるまで冷やす。
- ポリ袋に薄力粉とシナモンパウダーを入れ、空気を含ませるように振る。

作り方

1 卵黄生地を作る。卵黄を泡立て器で溶きほぐし、水、サラダ油の順に加えてそのつど混ぜる。合わせた粉類をふるいながら加えて、バニラオイルを振り、ダマがなくなるまで混ぜる(写真**a**)。

2 基本の「メレンゲを作る」(P12・**6**～**12**)と同様の手順で、卵白にグラニュー糖を加えて泡立て、しっかりとしたメレンゲを作る。

3 基本の「卵黄生地とメレンゲを混ぜる」(P13・**13**～**19**)と同様の手順で、卵黄生地にメレンゲを3回に分けて加え、ゴムべらで卵黄生地に均一に混ぜ込む。生地につやが出て、ふんわりとしていればOK(写真**b**)。

4 基本の「生地を型に流す」(P15・**20**～**24**)と同様の手順で**3**の生地を型に流し、予熱したオーブンに入れて焼く。

5 焼き上がったら逆さにして冷まし、基本の「型からはずす」(P16・**27**～**30**)と同様の手順でケーキを型からはずす。

6 カットして器に盛り、好みでホイップクリームを添え、シナモンパウダーを振る。

Superior

marble, cheese, caramel, tiramisu

チャレンジしたい上級シフォン

シフォンケーキ作りに慣れてきたら、
2つの生地を同時進行で仕上げたり、
メレンゲの立て方や混ぜ方にスピードが要求される
憧れの上級シフォンにチャレンジしてみましょう。

[上級シフォン]
superior

マーブル
marble

バニラとチョコレート生地、
マーブル状の2つの表情が人気。
仕上げのリキュールが浸透した3日目頃がおいしい

材料（各1台分）　［17cm型］　［20cm型］

●バニラ卵黄生地

- 卵黄 ―― 60g …… 80g
- 牛乳 ―― 75mℓ …… 100mℓ
- サラダ油 ―― 46g …… 58g
- バニラオイル ―― 3振り …… 6振り
- 薄力粉 ―― 75g …… 100g

●チョコレート卵黄生地

- 卵黄 ―― 20g …… 40g
- クーベルチュールチョコレート＊1（スイートまたはビター）―― 15g …… 30g
- サラダ油 ―― 12g …… 24g
- 牛乳 ―― 25mℓ …… 50mℓ
- 薄力粉 ―― 17g …… 35g
- カカオパウダー＊2 ―― 8g …… 15g

●メレンゲ

- 卵白 ―― 160g …… 240g
- グラニュー糖 ―― 86g …… 130g

コーヒーリキュール（カルーア）―― 20～30mℓ …… 40～50mℓ

＊1 P57参照。
＊2 P27参照。

		17cm型	20cm型
焼き時間●	ガスオーブン 180℃	22～25分	35～40分
	電気オーブン 170℃	35～40分	50～55分

下準備

●バニラ卵黄生地用の卵黄、チョコレート卵黄生地用の卵黄、卵白をボウル3つにそれぞれ割り入れる。
●卵黄生地を作っている間、卵白を冷凍庫に入れ、縁がゼリー状になるまで冷やす。
●ポリ袋にバニラ卵黄生地用の薄力粉を入れ、空気を含ませるように振る。チョコレート卵黄生地用の薄力粉とカカオパウダーを別のポリ袋に入れ、空気を含ませるように振る。

a

b

c

d

e

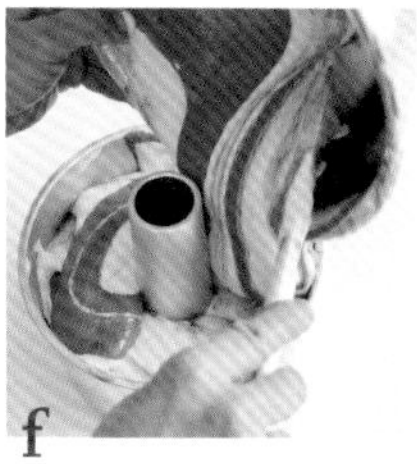
f

作り方

1 チョコレート卵黄生地を作る。チョコレートは湯せんまたは電子レンジにかけて溶かし、すぐにサラダ油を加えて混ぜる。

2 卵黄を泡立て器で溶きほぐし、**1**、牛乳の順に加えて（写真**a**）そのつど混ぜる。合わせた粉類をふるいながら加えて、ダマがなくなるまで混ぜる。

3 バニラ卵黄生地を作る。卵黄を泡立て器で溶きほぐし、牛乳、サラダ油の順に加えて、そのつど混ぜる。バニラオイルを振り、薄力粉をふるいながら加えて、ダマがなくなるまで混ぜる（写真**b**）。

4 基本の「メレンゲを作る」（P12・**6**～**12**）と同様の手順で、卵白にグラニュー糖を加えて泡立て、しっかりとしたメレンゲを作る。

5 基本の「卵黄生地とメレンゲを混ぜる」（P13・**13**～**19**）と同様の手順で、バニラ卵黄生地には2/3量のメレンゲを3回に分けて加え（写真**c**）、メレンゲの泡を消さないようにゴムべらで卵黄生地に均一に混ぜ込む。チョコレート卵黄生地には残りの1/3量のメレンゲを一度に加え、泡立て器で力を入れずに、一気に手早く混ぜる。さらにゴムべらで均一に混ぜ込む。生地につやが出て、ふんわりとしていればOK。

6 バニラ卵黄生地にチョコレート卵黄生地をのせる（写真**d**）。ボウルの縁からゴムべらを入れて真ん中まで動かし、そのまま縁まで戻って生地を返す。これをボウルを回転させながら、あと2回くり返す（写真**e**）。

7 型に生地を流す。流れ落ちる生地の模様を見ながら（写真**f**）、きれいなマーブル模様を作る。ゴムべらで生地を型の縁につけるようにならし、予熱したオーブンに入れて焼く。

8 焼き上がったら逆さにして冷まし、基本の「型からはずす」（P16・**27**～**30**）と同様の手順でケーキを型からはずす。

9 ケーキにコーヒーリキュールを刷毛で軽くたたきながら塗る。

ポイント●
2つの卵黄生地を同じかたさに早く仕上げることが大切です。バニラ卵黄生地の上にチョコレート卵黄生地をのせたときに、チョコレート卵黄生地が沈まないように、バニラ卵黄生地をゆるませずに仕上げましょう。

［上級シフォン］
superior

チーズ
cream cheese

ヨーグルトとレモンの
さわやかな酸味を添え、
人気のチーズケーキが
シフォンになりました

材料(各1台分)	[17cm型]	[20cm型]
●卵黄生地		
卵黄	60g	100g
クリームチーズ	100g	167g
プレーンヨーグルト	50g	84g
サラダ油	36g	58g
薄力粉	75g	125g
●メレンゲ		
卵白	140g	232g
グラニュー糖	65g	108g
レモン汁	12mℓ	20mℓ

		17cm型	20cm型
焼き時間●	ガスオーブン 180℃	22〜25分	35〜40分
	電気オーブン 170℃	35〜40分	50〜55分

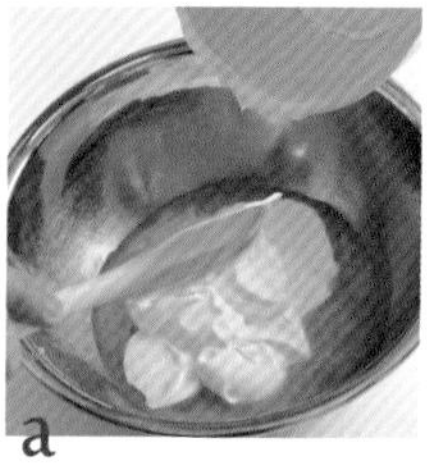
a
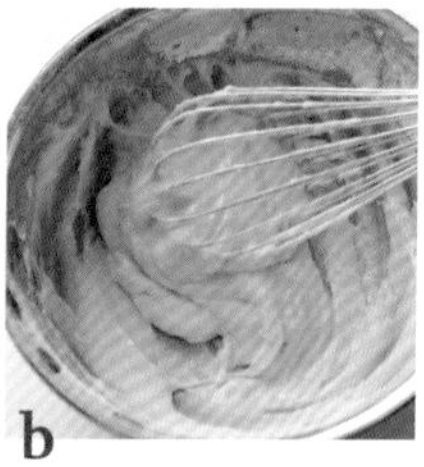
b

c

下準備
- 卵黄、卵白をボウル2つにそれぞれ割り入れる。
- 卵黄生地を作っている間、卵白を冷凍庫に入れて、縁がゼリー状になるまで冷やす。
- ポリ袋に薄力粉を入れ、空気を含ませるように振る。

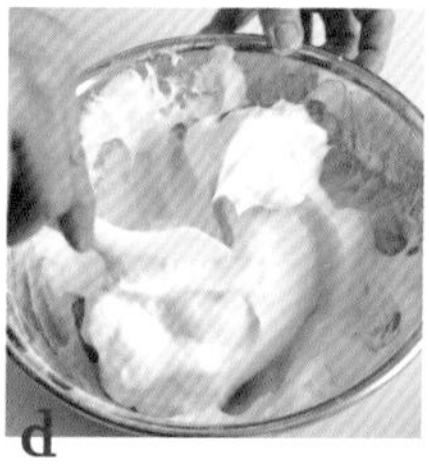
d

e
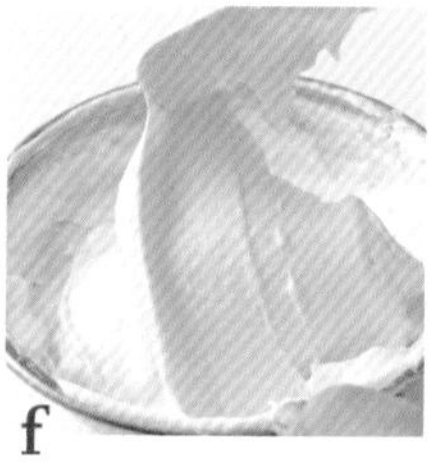
f

作り方

1 クリームチーズとヨーグルトを耐熱容器に入れ、電子レンジで1分30秒〜2分加熱してやわらかくし、泡立て器でよく混ぜる。

2 卵黄生地を作る。卵黄を泡立て器で溶きほぐし、1 (写真a)、サラダ油の順に加えてそのつど混ぜる。薄力粉をふるいながら加えて、ダマがなくなるまで混ぜる (写真b)。

3 基本の「メレンゲを作る」(P12・6〜12) を参照して、卵白にグラニュー糖とレモン汁を加えて泡立て、しっかりとしたメレンゲを作る (写真c)。グラニュー糖は3回に分けて加え、レモン汁は少量ずつ回数を分けて加える。

4 「ゴムべらだけで混ぜる」(P14) と同様の手順で、卵黄生地にメレンゲを3回に分けて加え、メレンゲの泡を消さないように (写真d、e) ゴムべらで卵黄生地とメレンゲを混ぜる。生地につやが出て、ふんわりとしていればOK (写真f)。

5 基本の「生地を型に流す」(P15・20〜24) と同様の手順で4の生地を型に流し、予熱したオーブンに入れて焼く。

6 焼き上がったら逆さにして冷まし、基本の「型からはずす」(P16・27〜30) と同様の手順でケーキを型からはずす。

ポイント●

このシフォンは乳製品が多く入るので、生地がゆるみやすくなります。卵黄生地とメレンゲを混ぜるときは最初からゴムべらだけの混ぜ方を。この混ぜ方は、ともすれば混ぜ込みがあまくなりがちです。たとえば、勢いをつけて余分な空気を抱き込んでしまうとふんわりと仕上がり、生地作りが成功しているような錯覚に陥りやすいのですが、これでは、生地量のかさが多くなって高さは出ますが、コシのない焼き上がりになってしまいます。基本18 (P13) の混ぜ方をマスターしましょう。

[上級シフォン]
superior

生キャラメル

caramel

濃厚でビターな生キャラメルの風味が
口いっぱいに広がる、最新のヒット作です

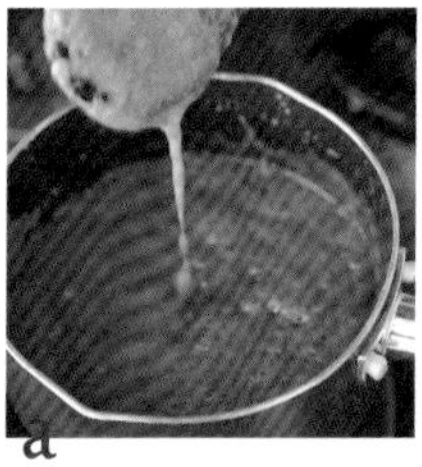
a

b

c

d
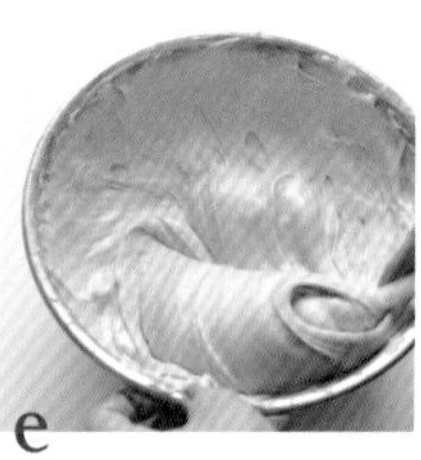
e
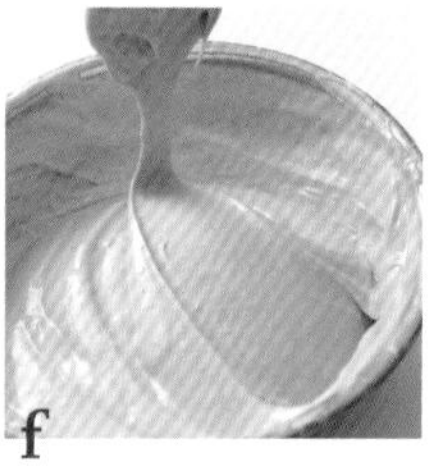
f

材料［17cm型1台分］

- 卵黄生地
  - 卵黄 —— 60g
  - キャラメルクリーム
    - はちみつ —— 50g
    - バター（食塩不使用）—— 50g
    - グラニュー糖 —— 125g
    - 生クリーム —— 65mℓ
    - バニラビーンズ —— 1/3本
  - 薄力粉 —— 70g
- メレンゲ
  - 卵白 —— 160g
  - グラニュー糖 —— 60g
  - 塩 —— ひとつまみ

		17cm型
焼き時間	ガスオーブン 180℃	22〜25分
	電気オーブン 170℃	35〜40分

下準備

- 卵黄、卵白をボウル2つにそれぞれ割り入れる。
- 卵黄生地を作っている間、卵白を冷凍庫に入れて、縁がゼリー状になるまで冷やす。
- ポリ袋に薄力粉を入れ、空気を含ませるように振る。

作り方

1 キャラメルクリームを作る。小鍋を2つ用意し、1つには生クリームとしごき出したバニラビーンズを入れて弱火にかけ、ひと煮立ちさせる。

2 もう1つの鍋にはちみつとカットしたバターを入れ、中火にかけて煮溶かす。そこへ、グラニュー糖の1/3量を加えて強火にする。砂糖が完全に溶けてから、次の1/3量の砂糖を加え、それが溶けたら、残りの1/3量の砂糖を加える。火加減を調節しながら、焦げ茶色になるまで煮詰める（写真**a**）。煮詰め具合は、3回目の砂糖が溶けてから濃い焦げ茶色になるまでの間の好みでよい。

3 ボウルに**2**を移し、**1**の生クリームを少しずつ注いでは（写真**b**）、木べらで混ぜる。

4 卵黄を泡立て器で溶きほぐし、**3**のキャラメルクリームを温かいうちに加え、よく混ぜる。薄力粉をふるいながら加えてダマがなくなるまで混ぜ、卵黄生地を作る。

5 基本の「メレンゲを作る」（P12・**6**〜**12**）と同様の手順で、卵白にグラニュー糖、塩を加えて泡立て、しっかりとしたメレンゲを作る。

6 「ゴムべらだけで混ぜる」（P14）と同様の手順で、卵黄生地にメレンゲを3回に分けて加え（写真**c**）、メレンゲの泡を消さないようにゴムべらで卵黄生地とメレンゲを混ぜる（写真**d**、**e**）。生地につやが出て、ふんわりとしていればOK（写真**f**）。

7 基本の「生地を型に流す」（P15・**20**〜**24**）と同様の手順で**6**の生地を型に流し、予熱したオーブンに入れて焼く。

8 焼き上がったら逆さにして冷まし、基本の「型からはずす」（P16・**27**〜**30**）と同様の手順でケーキを型からはずす。

ポイント

泡立てや混ぜにスピードが要求される難易度の高いシフォンです。キャラメルに生クリームを注ぐときは、はねやすいのでやけどに注意しながら少しずつ加え、そのつど混ぜてください。卵黄生地が温かいうちにメレンゲを立てるのが難しいので、作りやすい17cm型のレシピのみを紹介しています。

［上級シフォン］
superior

ティラミス
tiramisu

一世を風靡したあの人気デザート、
ティラミスをシフォンにしました。
マスカルポーネチーズで
本格的なおいしさです

材料 [20cm型1台分]

●マスカルポーネ卵黄生地
- 卵黄 —— 54g
- A
  - マスカルポーネチーズ*1 —— 108g
  - 牛乳 —— 28mℓ
- サラダ油 —— 36g
- 薄力粉 —— 70g

●マスカルポーネコーヒー卵黄生地
- 卵黄 —— 36g
- B
  - マスカルポーネチーズ —— 72g
  - 牛乳 —— 19mℓ
- サラダ油 —— 22g
- 薄力粉 —— 46g
- カフェリーヌ*2 —— 4g

●メレンゲ
- 卵白 —— 216g
- グラニュー糖 —— 108g

コーヒーリキュール（カルーア）—— 適量
カカオパウダー*3 —— 適量

*1 熟成させないイタリア産のフレッシュチーズ。脂肪分が高く、生クリームのような風味を持つ。
*2 P60参照。 *3 P27参照。

		20cm型
焼き時間●	ガスオーブン 180℃	35〜40分
	電気オーブン 170℃	50〜55分

下準備
- マスカルポーネ生地用の卵黄、マスカルポーネコーヒー生地用の卵黄、卵白を、ボウル3つにそれぞれ割り入れる。
- 卵黄生地を作っている間、卵白を冷凍庫に入れて、縁がゼリー状になるまで冷やす。
- ポリ袋2枚にマスカルポーネ卵黄生地用の薄力粉、マスカルポーネコーヒー卵黄生地用の薄力粉とカフェリーヌをそれぞれ入れ、空気を含ませるように振る。

作り方

1 AとBのマスカルポーネチーズと牛乳をそれぞれ耐熱容器に入れ、電子レンジで1分30秒ほど加熱してやわらかくし、泡立て器でよく混ぜる。

2 2つの卵黄生地を同時進行で作る。それぞれ卵黄を泡立て器で溶きほぐす。AとBを温かいうちにそれぞれ加えて混ぜ（写真**a**）、サラダ油を加えてよく混ぜる。薄力粉、合わせた粉類をそれぞれふるいながら加えて、ダマがなくなるまで混ぜる（写真**b**）。

3 基本の「メレンゲを作る」（P12・**6〜12**）と同様の手順で、卵白にグラニュー糖を加えて泡立て、しっかりとしたメレンゲを作る。

4 「ゴムべらだけで混ぜる」（P14）と同様の手順で、マスカルポーネ卵黄生地に3/5量、マスカルポーネコーヒー卵黄生地に2/5量のメレンゲをそれぞれ3回に分けて加える。メレンゲの泡を消さないように、ゴムべらでそれぞれの生地とメレンゲを混ぜる（写真**c**）。生地につやが出て、ふんわりとしていればOK（写真**d**）。

5 型にマスカルポーネ卵黄生地、マスカルポーネコーヒー卵黄生地の順に1/3量ずつ交互に流す（写真**e**）。ゴムべらで生地を型の縁につけるようにならし（写真**f**）、予熱したオーブンに入れて焼く。

6 焼き上がったら逆さにして冷まし、基本の「型からはずす」（P16・**27〜30**）と同様の手順でケーキを型からはずす。

7 ケーキにコーヒーリキュールを刷毛で軽くたたきながら塗る。カットしたケーキをラップなどで半分おおい、カカオパウダーを茶こしでふる。

a

b

c

d

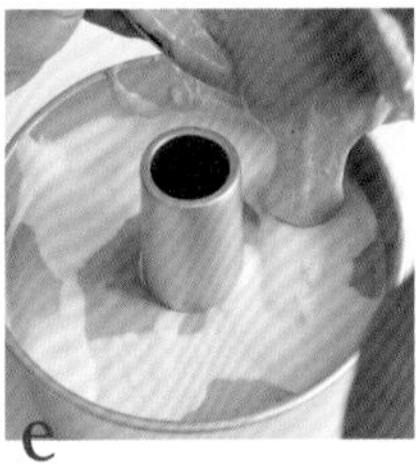
e

f

ポイント

2つの生地を同時進行で作るので、スピードが要求されます。電子レンジで温めた牛乳とマスカルポーネチーズが冷めないうちに生地を作ること。また、できるだけ早くメレンゲを立てて、最初からゴムべらだけの混ぜ方でメレンゲの泡を消さないように合わせましょう。作りやすい20cm型のレシピのみを紹介しています。

中山真由美

(なかやま まゆみ)

お世話になっている方へ感謝の気持ちを伝えたい、との思いから独学で始めたお菓子作りにはまる。2006年、自宅を改築して営業許可を取得。手作りお菓子のお店「chiffon chiffon」を始めるとともに、少人数制のお菓子教室をスタート。現在、基礎から特訓研究科までのクラス別シフォン教室をメインに、焼き菓子教室、料理教室も開講。的確な指導と飾らない人柄が評判を呼び、お菓子作り初心者からプロまで全国から生徒が訪れ、すぐに予約待ちになるほどの人気に。現在、お菓子の販売は休止中。最新の情報は下記インスタグラムを参照。

Instagram
@chiffonchiffonnakayama

※本書は『ふわふわ、しっとり、とろけるシフォン』(家の光協会刊、2010年6月発刊)に、新規レシピを加えて再編集したものです。

staff

デザイン　中村朋子
撮影　福地大亮
スタイリング　澤入美佳
企画・編集　内山美恵子
校正　安久都淳子
DTP製作　天龍社

決定版
ふわふわ、しっとり、とろけるシフォン
予約の取れないお菓子教室「chiffon chiffon」のベストレシピ

2020年6月20日　第1刷発行
2023年12月20日　第7刷発行

著者　中山真由美
発行者　木下春雄
発行所　一般社団法人 家の光協会
〒162-8448 東京都新宿区市谷船河原町11
電話　03-3266-9029(販売)
03-3266-9028(編集)
振替　00150-1-4724

印刷・製本　図書印刷株式会社

ISBN978-4-259-56658-6 C0077